DEKIRU 01 MARKETING Bible

ネット広告運用

"打ち手"
大全

成果にこだわるマーケ&販促
最強の戦略

インプレス

ネット広告運用

"打ち手"

大全

まえがき

　今、ネット広告運用の現場では、絶え間ない試行錯誤がくり返されています。
「過去に教わったベストプラクティスが役に立たない」
「うまくいった理由がわからず、上司やお客様に説明できない」
　耳を澄ませば、そんな悲鳴が聞こえるかもしれません。
　しかし、無理もないでしょう。ネット広告の世界は、数年前とはまったく変わってしまっているのです。私自身、過去の成功体験が役に立たないばかりか、邪魔ですらあると感じます。
　流れを変えた重要な要素は「AI」です。
　本書が中心に扱うGoogleとFacebookの広告は、いずれもAI（機械学習）が随所に取り入れられ、成果を上げるうえで大きな意味を持ちます。試行錯誤がくり返されているのは、この「AIとの協働」が始まったばかりだからです。
　そうした状況のもと、私を含む3人の著者は、自らの実践で失敗しながらもつかんだ知恵を"打ち手"として世に出すことに決めました。各々が信じられるものを惜しみなく出した結果、102個の施策や手法が集まっています。広告運用でさらなる成果を目指す、読者のみなさんのお役に立てれば幸いです。
　本書を執筆するにあたり、私は国内外の優れたプレイヤーからの刺激を大いに受けました。運用型広告のシーンを常にアップデートし続けている岡田吉弘さん、広告文の重要性を気づかせてくれた小西一星さん、本書が生まれるきっかけを作ってくれた西川大志さん、終わりなき対話に付き合ってくれる村山佑介さん、「ユニコーン」を提唱し、AdWordsの面白さを教えてくれたLarry Kimさん。
　この方々がいたからこそ、本書の執筆を全うできたと思っています。この場を借りて、感謝の意を述べさせていただきます。ありがとうございました。

2018年3月　寶　洋平

目次

まえがき 3

chapter 1 準備と計画
環境を知り、成功を定義する 17

1 「デュオポリー」の波に乗れ 18
GoogleとFacebookを出稿先として確実に押さえる

2 Googleアナリティクスとの連携は必須 20
コンバージョンを正しく計測する環境を整える

3 「どうなったら成功か？」を定義しよう 24
あいまいな成果ではなく、利益（リターン）を意識する

4 コンバージョンはシンプルかつ明確に 27
「お金に換算できるもの」が大前提

5 自社が持つデータは宝の山と心得る 30
「アセット」がデジタルマーケティングの成否を分ける

6 カスタマージャーニーの全体から発想しよう ... 35
「コンバージョンに至る道のりのどこにいるのか？」が重要

7 競合との差は引き算で見つけ出す 38
「私たちは○○でしかない」が強みになる

8 施策のプランは徹底的に言語化しておく……40
関係者全員でプランニングシートに落とし込もう

---

chapter 2
検索広告

機械学習の活用と自動化を目指せ……43

9 機械学習に適したアカウント構成を意識せよ…44
広告グループの細分化は、もはや時流に合わない

10 キーワードの発想は「軸」と「サブ」で……47
ユーザーの頭の中心と、ニーズに向かう言葉をイメージする

11 すべてのキーワードを事前に調べ抜く………50
ニーズの全体像を捉えるサジェストキーワード分類法

12 動的検索広告は縁の下の力持ち……………52
手動で登録しきれない膨大な検索バリエーションを支える

13 確度の高いユーザーをゴールまで導け………57
検索広告におけるリターゲティングの考え方

14 広告の品質改善で見るべき3つの指標………62
キーワードごとに評価を見てアクションを検討する

15 ユニコーンが突出した成果を生む……………65
広告文の基本戦略は機械学習に評価されること

16 広告文は1グループに最低3本・・・・・・・・・・・・・・・ 68
キーワードに基づく「量」と「バリエーション」を用意する

17 広告表示オプションをあなどるな・・・・・・・・・・・・・ 72
高確率で成果が上がるため「必ず設定」が正解

18 ヒットする検索語句は広告文で増やせる・・・・・・ 75
キーワードを増やすよりも表示回数に好影響がある

19 地域・日時の出し分けには
広告カスタマイザ・・・・・・・・・・・・・・・・・・・・・・・・・・・ 78
広告文を1つに集約すれば機械学習でも有利

20 「思い込み」ではなく「思い」を込めよ・・・・・・・ 80
新しいアイデアの広告文で機械学習を味方につける

21 ランディングページで
改善すべきはユーザー体験・・・・・・・・・・・・・・・・・・・ 82
検索語句をヒントに「売り場」の見せ方を変える

22 まだ伸びる広告は
インプレッションシェアでわかる・・・・・・・・・・・・・ 84
予算や品質による機会損失をなくし、成果を増やす

23 入札戦略は機械学習に任せよう・・・・・・・・・・・・・・ 87
頻度と精度で人間を上回る「スマート自動入札」

24 機械学習と付き合うコツは
マクロマネジメント・・・・・・・・・・・・・・・・・・・・・・・・・ 90
「ゴールだけ指示して任せる」のが正解

25 手動でやりきってからが自動入札の出番 …… 92
安定して成果が出ているキャンペーンから自動化する

26 自動入札には適切なゴールを与えよ ………… 94
過去の実績に即した目標コンバージョン単価を設定する

27 走り始めた自動入札は「見守る」姿勢で …… 96
むやみに干渉せず、しかし注意は怠ってはならない

---

chapter 3 ディスプレイ広告

クリエイティブが8割、設定が2割 …… 99

28 「GDN」の成果を決める3つの変数 ………… 100
ターゲティング、クリエイティブ、単価を常に意識する

29 喉から手が出るほど欲しいのは誰？ ………… 102
商品を購入しそうな人を2つの視点でイメージする

30 特徴ではなく未来を訴求しよう ……………… 105
商品を手にすることで得られる未来＝ベネフィットが刺さる

31 キャッチコピーを量産する「7つの型」 …… 108
ベネフィットを型に当てはめ、反応率の高い広告を作る

32 顕在層を着実につかむには「リアルイメージ型」 ……………………… 110
欲しいと自覚している人に、5W1Hでベネフィットを伝える

33	潜在層の狙い撃ちには「ターゲット絞込型」	112
	ニーズに気づいていない人に「自分ゴト化」させる	
34	即アクションの劇薬を求めるなら「指摘型」	114
	ターゲットが気にしているコンプレックスや課題を突く	
35	類似商品との差が刺さるなら「比較型」	116
	自社商品と比べたときの差でベネフィットを想像させる	
36	ビフォーアフターを打ち出せるなら「変化型」	118
	過去と未来の差を具体的にイメージさせれば勝ち	
37	宣伝を嫌うユーザーを取り込むには「共感型」	120
	広告っぽさを抑えて、ほかの型では反応しない層を狙う	
38	心の声を代弁できるなら「感情移入型」	122
	欲望や欲求をそのまま表現して強く引き込む	
39	レスポンシブ広告の経験は早いほどいい	124
	バナー広告のサイズ網羅は無価値になりつつある	
40	クリエイティブのテストはほどほどに	127
	納得感はあるが、機械学習に任せたほうが早く成果が出る	
41	バナーの出来不出来は発注で決まる	130
	デザイナーに過去の実績を伝えて正誤のものさしにする	

42 新規ユーザーターゲティングは小さく始める······132
「人」と「配信面」でターゲティングの条件を理解する

43 適切な配信面を選ぶキーワード発想法······136
コンテンツターゲティングは連想ゲームで拡大する

44 プレースメントは理想からの逆算で考える···139
主要な配信面と現状のパフォーマンスを比較しよう

45 「やりすぎ配信」の落とし穴を避けよう······142
新規ユーザーターゲティングに失敗する危険な設定

46 成果向上の流れは配信面の開拓から··········144
プレースメントに適した新しい広告でターゲットを広げる

47 リターゲティング特有の変数を駆使せよ·····146
誰に、どのような頻度で再訪問を促すのかを考慮する

48 「GAリマーケティング」は最強のリピート施策······149
自社サイトでの行動に基づくセグメントで訴求する

49 有望ユーザーの選出は機械学習に任せる·····152
コンバージョンしそうな人を自動収集する「スマートリスト」

50 多商品サイトの動的リマーケティングは強力······154
ユーザーが閲覧した商品を自社サイトの外でも表示する

51 リターゲティングを
アップセルやクロスセルに……………… 156
ユーザーリストの設計次第で好かれる広告にできる

52 新規セッション率は
リターゲティングの生命線………………… 158
質の高い新規ユーザーが増えなければ枯れてしまう

53 キャンペーンの予算を保険として使う……… 160
配信ペースが把握できるまでは抑えめの設定が安心

54 リスト化とルール化で配信ミスを防ぐ……… 162
チェックリストの共有と複数人でのチェックが効果的

55 自動入札で飛躍的な成果を狙え…………… 164
シグナルが多いぶん、検索広告以上の効果が期待できる

56 サイズ別や種類別での細分化は避ける……… 166
機械学習を生かすディスプレイ広告のアカウント構成

57 PDCAの高速化には
マイクロコンバージョン……………………… 168
購入・登録の手前をコンバージョンにして数を稼ぐ

58 自動入札が安定したら
ターゲティングも自動化……………………… 170
配信先を自動で拡大して獲得数を増やし、維持する

59 初回購入だけでなくLTVも追求せよ……… 172
利益最大化の視点で広告ごとの費用対効果を明確にする

60 クリエイティブの作成をも自動化できる……… 174
最適なアセットの組み合わせを作る「スマートディスプレイ」

61 失敗しにくいTrueViewの始め方………… 176
YouTubeの動画広告でブランド認知と獲得を狙う

62 Gmail広告も魅力的な配信面……………… 180
特殊なターゲティングと質の高い枠で獲得数を伸ばす

chapter 4
Facebook広告

コンバージョンの学習が鍵を握る …………… 183

63 Facebook広告で見るべき3要素と4指標… 184
評価が高ければ「安く」「たくさん」配信できる

64 とにかく週50件の
コンバージョン獲得を目指せ……………… 188
最適化のための「Facebookに学習させる」ステップを踏む

65 動画のクリエイティブは
最初に再生数を稼ぐ ………………………… 192
質の高いオーディエンスリストを作るための下準備

66 資料請求やセミナー集客には
リード獲得広告 ……………………………… 196
Facebookページ内のフォームで見込み客の情報を得る

67 リード獲得広告でサンクスメールを送る ····· 200
外部ツール「Zapier」で機能を拡張できる

68 王道はリターゲティングと
類似オーディエンス ······························ 204
Facebook広告におけるオーディエンス選定の考え方

69 「いいね！」した人こそ
ターゲティングしよう ························· 208
重要な情報は広告として配信し、確実なリーチを狙う

70 自社サイトのユーザーを
Facebookで見つける ························· 211
リターゲティングはFacebook広告でも費用対効果が高い

71 詳細なリターゲティングは
リストのサイズに注意 ························· 214
閲覧ページ別は有効だが、小さすぎると逆効果になる

72 まだ顧客ではない「顧客に似た人」を探せ ··· 216
重要機能「類似オーディエンス」を活用する最優先施策

73 リストがなくても「顧客に似た人」は探せる ··· 219
ピクセルが識別したコンバージョンユーザーを基にする

74 動画広告は画像よりも効果的 ·················· 222
コンバージョンが発生しやすく、CPAも抑えられる

75 動画制作で意識すべき4つのルール ········· 224
「移動中のスマートフォン」での視聴を前提にする

76 動画のサイズは正方形か縦長に ……… 226
手持ちの横長動画は静止画と組み合わせてリサイクルする

77 スライドショー広告は動画並みの威力 …… 228
ストーリーのある広告を数枚の画像だけで作れる

78 思わず目を留めるシネマグラフを広告に … 230
写真が動いているような不思議な動画でクリック率を上げる

79 画像広告の素材選びと伸ばし方 ……… 232
豊富な無料素材からターゲットに適した画像を見つける

80 カルーセル広告の使い道は3つに絞る …… 235
多彩な表現ができるフォーマットだけに迷いやすい

81 広告文は短く、読みやすく ……… 238
ユーザーにストレスをかけない広告文が受け入れられる

82 配信前にはチーム全員のスマホでチェック ‥ 242
広告確認用ツール「クリエイティブハブ」を活用する

83 FacebookとInstagramの成果が最優先 … 244
配信先プラットフォームの「自動配置」はやめておく

84 意味のあるA/Bテストをしよう ……… 247
コンバージョンを発生させ、再現率を70％以上に

85 自動化を見据えた広告セットの作り方 …… 250
ポイントは「細かく切りすぎない」「被らせない」

86 広告セットの健康管理には配信インサイト ···· 253
パフォーマンス低下の原因を把握し、アクションにつなげる

87 予算は日単位がコントロールしやすい········ 256
「通算予算」よりも「1日の予算」を選ぶべき理由

88 善し悪しの判断は配信後の1週間で ········· 259
「オークションに勝てているか」を見極めるポイント

89 リード獲得広告と自社LP、どちらを選ぶ？··· 262
いきなり移行せず、併用して結果を比較してみる

90 オーディエンスの妄想と現実を埋めろ ········ 264
本当のユーザーとのズレを検証する「オーディエンスインサイト」

91 サイト内の行動に基づく濃いリストを作る···· 268
リターゲティングの精度を高めるFacebook Analytics活用

---

chapter 5 　評価と改善

成長のための Check & Action ···· 271

92 KPTで振り返り、アクションを起こせ········ 272
「良い」「悪い」と次に挑戦したいことをチームで整理する

93 見えにくい原因はTableauで探し出す ······ 274
広告データを深掘りする「Tableauのアドホックな活用」

94 アクションの提案には「空・雨・傘」 … 276
問題解決力を高める思考の型を広告運用に取り入れる

95 ダッシュボードは溝を埋めるツール … 278
定期レポートで発生するムダを最小限に抑える

96 費用データの集約は統合分析の第一歩 … 280
広告の成果をGoogleアナリティクスで俯瞰的に見る

97 GoogleとFacebookをフラットに捉える … 283
広告グループレベルでの統合分析環境を整える

98 分析の原則はグルーピング、セグメント、クロス集計 … 286
「まとめる」「分ける」「組み合わせる」を常に意識する

99 「それ」と「それ以外」を忘れるな … 288
施策は「全体に与えたインパクト」で評価する

100 四半期ごとのミーティングも重要 … 290
長めのスパンで大きく振り返って、運用の軌道修正を図る

101 変化の連続を受け入れよう … 292
当初の計画のまま成長し続けることはありえない

102 ネット広告の闇から身を守れ … 294
ブランドセーフティ、ビューアビリティ、アドフラウドの考え方

あとがき … 298
索引 … 300

本書に掲載されている情報について

本書は、2018年3月現在での情報を掲載しています。「Google AdWords」は2018年7月に「Google広告」に名称変更されましたが、本書では旧称のまま記載しています。「できる」「できるシリーズ」は、株式会社インプレスの登録商標です。その他、本書に記載されている製品名やサービス名は、一般に各開発メーカーおよびサービス提供元の商標または登録商標です。なお、本文中にはTMおよび®マークは明記していません。本書の内容はすべて、著作権法によって保護されています。著者および発行者の許可を得ず、転載、複写、複製等の利用はできません。

Copyright © 2018 Yohei Takara, Craft Inc., Yoshiki Takase. All rights reserved.

準備と計画

環境を知り、成功を定義する

1 「デュオポリー」の波に乗れ

GoogleとFacebookを出稿先として確実に押さえる

> 検索サービスとSNSの雄であるGoogleとFacebookは、ネット広告においても支配的な地位にあります。米国における近年のネット広告市場から、運用にあたっての前提を考えます。

ネット広告市場の成長のほとんどを2社が担う

「デュオポリー」(Duopoly)をご存じですか? 有名なボードゲーム「モノポリー」(Monopoly)は「独占」を意味しますが、これをデュオ=2つにした「複占」を意味する言葉です。

2015年ごろから、米国のネット広告市場はGoogleとFacebookの2社による事実上の複占状態にあります。2015年から2016年における売上高推移に注目すると、市場全体の純増額である129億ドルのうちの89%、実に9割弱がGoogleとFacebookによるものです〔図表1-1〕。このデータは業界で大きな話題となりました。

2社が示す圧倒的な存在感。これがデュオポリーと呼ばれるゆえんであり、本書執筆時点でも揺らいでいません。

米国のネット広告市場の売上高推移 〔図表1-1〕

対象	2015年	2016年	純増額	全体に対する純増額の割合
Google (※1)	313億ドル	376億ドル	63億ドル	49%
Facebook (※2)	89億ドル	141億ドル	52億ドル	40%
2社以外	194億ドル	208億ドル	14億ドル	11%
米国のネット広告市場全体 (※3)	596億ドル	725億ドル	129億ドル	100%

※1 原典:Alphabet社(Googleの親会社)の決算資料
https://abc.xyz/investor/pdf/2016_google_annual_report.pdf
※2 原典:Facebook社の決算資料
https://s21.q4cdn.com/399680738/files/doc_financials/2017/FB-Q1'17-Earnings-Slides.pdf

機械学習の精度向上が成果につながっていく

では、私たちはデュオポリーをどう受け止めればいいのでしょうか？ もう1つ注目したいのが「機械学習の進化」です。

機械学習とは、膨大なデータをコンピューターに学習させることで、法則性やルールを導き出す手法のことです。人工知能とも密接に関わり、ビジネスへの応用が多様な分野で進んでいます。

GoogleとFacebookはともに広告プラットフォームであり、広告運用に関する膨大なデータを保有しています。機械学習の精度を上げるにはデータの「量」や「バリエーション」が重要とされますが、2社にデータが集約されることで、より高い成果を、より少ない費用で達成する「最適化」の精度が上がっていきます。

そして、最適化の精度が上がり「GoogleとFacebookで実際に成果が出た」と考える広告主が増えれば、より多くの予算が2社に投下されます。利益を得られた2社の投資はさらに進み、機械学習の精度がまた上がっていく、という好循環が回っていきます。

「ネット広告の予算をどこに投じれば儲かるのか？」を考えるなら、GoogleとFacebookは必ず候補に入れるべきです。まず、この前提を頭に留めてください。（寶）

ネット広告の世界では、AIによる効率化がもう始まっているよ！

> **まとめ**
> 本書ではデュオポリーを対岸の火事ではなく「自分ゴト」として捉え、GoogleとFacebookで高い成果を出すための広告運用にフォーカスしていきます。

2
Googleアナリティクスとの連携は必須

コンバージョンを正しく計測する環境を整える

> ネット広告は、Webにおけるユーザーの行動を把握する「トラッキング」の技術によって成り立っています。ここでは近年の傾向と、トラッキングを実現する各種設定について理解しましょう。

iPhoneでは広告経由のコンバージョンが正確に測れない!?

　2017年9月、AppleはiOS 11とmacOS High Sierraの標準Webブラウザーである Safari に、「ITP」(Intelligent Tracking Prevention) と呼ばれる新技術を実装しました。ITPはサイトをまたがってユーザーを追跡するトラッカーを機械学習によって特定し、そのトラッキングデータを分離・削除する技術です。

　ユーザーを追跡するトラッカーとは、サードパーティ Cookie(※1)のことを指します。ITPによって検出されたCookieは、そのサイトでクリックやタップなどの行動が起きてから24時間以内にユーザーが発行元サイトを再訪問しないと削除され(ITP 2.0では即時削除)、広告経由のコンバージョン(※2)などの計測には使えなくなります。

ITP導入の目的はプライバシー保護のためなんだって

Googleアナリティクスとの連携でITPを回避する

　ITPはネット広告に多大な影響を与えます。Googleは広告主向けのサービス「Google AdWords」とWeb解析ツール「Googleアナリティクス」において、ITPにいち早く対応しました。

　具体的には、Googleアナリティクスに新たなCookieである「_gac Cookie」を用意し、AdWordsの情報をファーストパーティCookieとして保存するようにしました。AdWordsとGoogleアナリティクスをリンクし、自動タグ設定を有効にしていると、広告のURLにGCLID (Google CLick IDentifier) と呼ばれるパラメータが付加されます。このGCLIDの値を含む情報を_gac Cookieに書き込むことで、広告のクリックをファーストパーティCookieとして保存し、ITPを回避します。

　AdWordsでの広告運用はGoogleアナリティクスとセットで考え、必ず連携するようにしましょう。実施手順は以下の通りです。

〔実施手順〕

① Googleアナリティクスの「管理」画面を表示する。
② ［AdWordsとのリンク設定］を選択する。
③ ［新しいリンクグループ］から、リンクするAdWordsのアカウントとGoogleアナリティクスのビューを選択する。このとき［詳細設定］で自動タグ設定を有効にする〔図表2-1〕。

〔図表2-1〕

> Googleアナリティクスの管理画面でAdWordsのアカウントとリンクする

※1　Cookie（クッキー）
Webブラウザーに保存されるユーザーの行動データのこと。現在表示しているサイト（ドメイン）が発行したものはファーストパーティCookie、それ以外のものはサードパーティCookieと呼ぶ。

※2　コンバージョン
商品の購入や資料請求など、ネット広告や自社サイトにおける「目標の達成」を表す。本来は「転換」の意味。「CV」と略す。

コンバージョンタグの埋め込みにはタグマネージャが便利

　AdWordsで広告運用を始めるにあたっては、自社サイトへのタグの挿入も欠かせません。すでに運用中の場合は不要なので、ここでは新しく挿入する場合の基本設定について触れます。

　前述のリンク設定や今後のタグ運用を考慮すると、AdWordsおよびGoogleアナリティクスのタグは「Googleタグマネージャ」(※3)を使って設定し、統合的に管理することをおすすめします。大まかな流れは以下の通りです。

(実施手順)

① AdWordsの［ツール、お支払い、設定］メニューから［コンバージョン］を選択する。
② コンバージョンアクションを作成し、タグのインストール方法でGoogleタグマネージャを選択する。このとき「コンバージョンID」と「コンバージョンラベル」をコピーしておく〔図表2-2〕。
③ Googleタグマネージャで「AdWordsコンバージョントラッキング」タグを作成し、IDとラベルを入力する。トリガー(※4)はコンバージョンが発生するページのURLなどを指定する。
④ Googleタグマネージャで「コンバージョンリンカー」タグを作成する。トリガーは自社サイトのすべてのページとする。

〔図表2-2〕

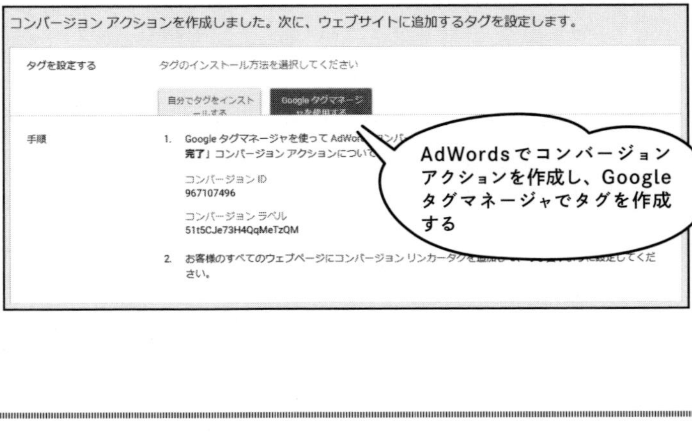

AdWordsでコンバージョンアクションを作成し、Googleタグマネージャでタグを作成する

※3　Googleタグマネージャ
Googleが提供する無料のタグ管理プラットフォーム。自社サイトのソースコードに1つのタグ（コンテナスニペット）を挿入するだけで、Googleアナリティクス、AdWords、Facebook広告などのタグを統合的に管理できる。

※4　トリガー
タグが動作する条件のこと。特定のページへの訪問やリンクのクリックをトリガーとして指定できる。

「Facebookピクセル」も自社サイトに挿入しておく

一方、Facebook広告の運用においては、「Facebookピクセル」と呼ばれるタグが自社サイトの全ページで動作することが前提となります。Googleタグマネージャ経由で挿入できるため、AdWordsのタグと併せて設定しておきます。

なお、Facebook広告のコンバージョンには「カスタムコンバージョン」と「標準イベント」の2種類があり、それぞれ設定方法が異なります。詳しくはChapter 5を参照してください。(寳)

〔実施手順〕

① Facebook広告のメニューから［ピクセル］を選択する。
② ピクセルを作成し、インストール方法として［統合またはタグマネージャを選択］、プラットフォームとしてGoogleタグマネージャを選択する。
③ ピクセルベースコードをコピーする〔図表2-3〕。
④ Googleタグマネージャで「カスタムHTMLタグ」を作成し、ピクセルベースコードを入力する。トリガーは自社サイトのすべてのページとする。

〔図表2-3〕 Facebook広告からコードを取得し、Googleタグマネージャ経由で挿入する

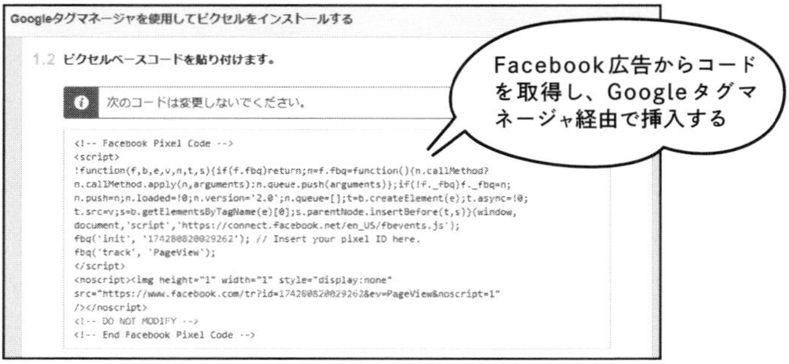

> **まとめ**
> ツールの連携やタグの埋め込みは大変ですが、避けては通れません。社内のエンジニアや技術的なアドバイスを受けられる外部パートナーに協力を依頼して進めてください。

3
「どうなったら成功か?」を定義しよう

あいまいな成果ではなく、利益(リターン)を意識する

> ビジネスにおいては何事も「ゴール」の設定が重要です。ネット広告を運用することでどのようなゴールを目指すのか、最初に決めておく必要があります。利益を第一に考えましょう。

利益とROIをベースにするのが大前提

　ネット広告の運用計画を立てるときには、まず「どうなったら成功か?」を決めます。ここで重要なのが、最終的な成功の定義を「利益」(リターン)に置くことです。

　どのような企業でも、利益を原資として事業の価値を高め、成長しています。利益を増やすために企業はさまざまな投資をしますが、ネット広告もその手段の1つ。広告運用に取り組むうえで利益について考えるのは、もっとも本質的であると言えます。

　そして、投資と利益のバランスをみる「ROI」(※)も、広告運用で欠かせない指標です。運用を計画するにあたっては、利益と併せてROIの善し悪しについても考えます。

利益から総粗利額と投資額を逆算し、ROIを求める

　例えば、ある広告施策における成功を「月に1,250万円の利益を上げる」と定義したとしましょう。すると、次ページの図のように総粗利額と投資額、ROIを求められます〔図表3-1〕。

※　ROI
「Return On Investment」の略で「投資利益率」のこと。利益÷投資額×100で求める。

ネット広告における利益とROIの算出例　[図表3-1]

利益
¥12,500,000
ROI = 500%

総粗利
¥15,000,000
（750,000×0.2×100）

1コンバージョンあたりの売上額
¥750,000

1コンバージョンあたりの粗利率
20%

1コンバージョンあたりの粗利額
¥150,000

必要なコンバージョン数
100

投資
¥2,500,000
（2,000,000＋500,000）

広告費
¥2,000,000

外注費
（代理店、制作会社など）
¥500,000

　「総粗利」は「総売上」と置き換えてもいいのですが、商品の原価なども考慮する必要があるため、売上額の合計から原価を除いた金額として総粗利額を設定しました。毎月の利益を決めれば、総粗利額もイメージできるはずです。

　そして、1コンバージョンあたりの売上額、粗利率、粗利額を計算していくと、その総粗利額を達成するには「月に何件のコンバージョンを獲得する必要があるのか？」がわかります。この費用を、投資額のうちの広告費として考えます。

　さらに、運用のために必要な諸経費を外注費として盛り込むと、投資額の合計が求められます。利益額と投資額からROIを算出し、自社の方針と照らし合わせて承認が得られれば、広告運用のスタート地点に立てたことになります。

成功を机上の空論にしないために

　ネット広告はビジネスを成長させる有効な手段の1つとなりますが、何となく運用を始めてしまうと、得るべき成果まであいまいになります。利益を主軸に据え、成功の定義を明らかにするプロセスを、運用を始める前に必ず入れましょう。

　ただし、このプロセスを社内の限られた人物、とりわけ経営者やマネージャーなどの意思決定層だけで進めると、現実味のない数字になりがちです。実際に広告運用を担当する人はもちろん、外部の広告代理店やコンサルタントに依頼しているのであれば、その人たちにも意見を求めるべきです。

　あなた自身が広告運用を担当するのであれば、成功を机上の空論にしないために、必ずディスカッションのメンバーに入れてもらいましょう。また、外部の協力者は自社にはない、過去の実績やデータに基づく相場観を持っています。そうした意見も取り入れたうえで、最終的な成功を定義していくのが理想的です。（寳）

みんなが納得するゴールを最初に決めよう！

> **まとめ**
> ゴールを最初に決めることは重要ですが、実際に運用を始めてから見えてくるものもあります。目標と現実が乖離しないように、成功を「再定義」する機会も設けましょう。

4 コンバージョンは シンプルかつ明確に

準備と計画 1

「お金に換算できるもの」が大前提

> ネット広告で獲得したいコンバージョンとは何か？ サイトによっても、商品によっても、施策によっても異なるでしょう。ここでは重要でありながら難しいコンバージョンの設定について確認します。

コンバージョンの対象ページと価値を決める

　デジタルマーケティングにおける最重要指標であるコンバージョン。ネット広告の運用計画においては、最終的な成功の定義の次に、獲得すべきコンバージョンを設定します。

　成功の定義が利益（リターン）に基づいている以上、コンバージョンも「お金に換算できるもの」にするのが前提です。例えば、商品の購入完了ページのように「ユーザーが到達したら金銭的価値が生まれる」ページをコンバージョンの対象にします。

　また、コンバージョンあたりの価値も検討し、具体的な金額を決定します。商品の購入完了ページの場合、「その商品の価格（売上額）＝コンバージョンあたりの価値」です。

　資料請求の完了や無料アプリのダウンロードなど、サイト内におけるコンバージョンそのものが金銭的価値を生まない場合、仮想的な売上額を社内で検討し決定します。例えば「資料請求＝リード[※1]の獲得」とみなし、そのリードが将来もたらすであろう売上額をコンバージョンの価値とする形です。

※1　リード
商品の購入、サービスの申し込みにつながる
可能性のある「見込み客」のこと。

社内の誰もが納得していないとトラブルの元に

　コンバージョンは最重要であるにもかかわらず、社内での認識のズレが生まれやすい指標でもあります。

　ネット広告におけるコンバージョンは、ユーザーが広告を視認かつクリックし、ランディングページ(※2)を経由して、コンバージョンの対象ページを訪問したときに発生します〔図表4-2〕。広告のクリックやランディングページの訪問は、通常はコンバージョンとは見なしません。金銭的価値が発生しないからです。

　広告運用者が経営層やマネージャーと話が噛み合わなくなるケースは、多くの場合、このコンバージョンの定義や発生するポイント、タイミングの認識がそろっていないことから起こります。そのためにも、コンバージョンの対象ページは、誰もが金銭的価値の発生を確認できるシンプルなものにすべきです。

コンバージョンまでの流れ　〔図表**4-2**〕

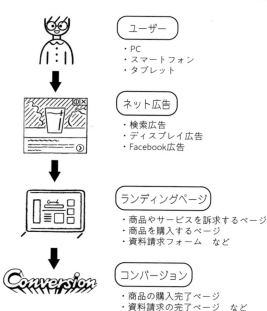

※2　ランディングページ
広告のリンク先となるページのこと。購入や資料請求などのコンバージョンに向けた行動を喚起する内容であることが求められる。

ツール間の食い違いにも注意が必要

　コンバージョンを把握するにあたっては、「どのツールで計測しているのか」によって、認識が食い違うこともよくあります。

　本書で扱う範囲では、Googleの検索広告とディスプレイ広告はAdWordsの管理画面、FacebookはFacebookの広告マネージャでコンバージョンを確認するのが一般的です。ただ、Googleアナリティクスでも「目標」[※3]を設定することで、別途コンバージョンの計測が行えます。

　このとき、AdWordsとFacebook広告、Googleアナリティクスで同じコンバージョンを計測するように設定しても、それぞれのツールにおける定義の違いから、コンバージョン数は正確には一致しません。広告運用にはGoogleアナリティクスが必須であり（20ページを参照）、併用が前提となることを考えると、この認識は関係者全員が持っておくべきです。

　なお、理想的な計測環境としては、広告を含めた自社サイト全体のコンバージョンを、Googleアナリティクスで把握できるようにした状態が挙げられます。AdWordsとFacebook広告の管理画面で確認できるコンバージョンは、各ネットワークにおける最適化の指標としては有効ですが、統合的なデータ管理においてはGoogleアナリティクスに一日の長があることを覚えておいてください。この点はChapter 5でも解説しています。（寳）

まとめ

コンバージョンは複雑に考えるほど、運用するうちに混乱を招きがちです。なるべくシンプルかつ明確にし、ツールの特徴を周知したうえで設定しましょう。

※3　目標
Googleアナリティクスにおける設定項目の1つ。例えば、商品の購入完了ページや資料請求の完了ページのURLを登録すると、そのページの表示をコンバージョンとして計測できる。

5
自社が持つデータは宝の山と心得る

「アセット」がデジタルマーケティングの成否を分ける

> かつてはネット広告といえば検索広告（リスティング広告）のイメージがありましたが、近年では手法が多様化しています。最新の手法において鍵を握るのは、自社内に眠っているデータです。

既存のデータを資産として活用する

「アセット」とは、企業にとっての資産や経営資源のことを指します。デジタルマーケティングにおいては、自社サイトのコンテンツや商品の情報、顧客リストなどのデータが該当します。

近年のネット広告運用において、自社が持つデータ＝アセットは成果を最大化するうえで極めて重要で、まさに「宝の山」と言っていいでしょう。ネット広告の代表的手法である検索広告ではキーワードが重要でしたが、今後はさらに、アセットを有効活用していくことが広告運用者に求められています。

アセットを活用したネット広告の代表的な手法を次ページの図に示します［図表5-1］。広告運用の拠り所となるデータとしては、大きく分けて「自社サイトのコンテンツ」「商品情報データベース」「ユーザーリスト／顧客データ」の3種類があり、それぞれを活用したネット広告の手法が登場しています。いずれもコンバージョンにつながりそうなユーザーにダイレクトに届く広告運用を可能にするため、1つずつ理解していきましょう。

アセットを活用したネット広告の手法 〔図表5-1〕

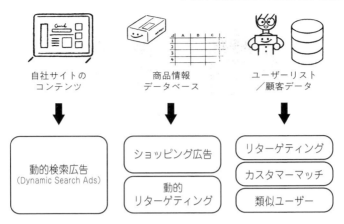

サイトのコンテンツから広告を自動作成

　自社サイトのコンテンツをアセットとして活用し、検索広告を自動的に作成・出稿する手法が「動的検索広告」です。広告を出したいページを指定するだけで、そのページと関連性の高い語句が抽出され、広告文の一部が自動的に生成されます〔図表5-2〕。

　ページと関連性の高いキーワードで検索したユーザーに対して幅広くアプローチできるため、キーワードの取りこぼしを防ぐとともに、運用の工数を減らせる手法と言えます。

動的検索広告の概念図　〔図表5-2〕

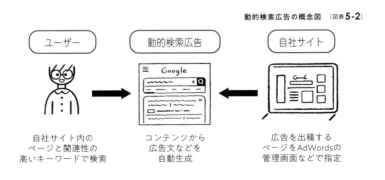

商品のデータベースそのものを広告にする

次に、商品情報データベースをアセットとするのが「ショッピング広告」です。主に多商品を扱うECサイトで利用されており、商品名やブランド名など、商品情報と関連性の高いキーワードで検索したユーザーに対して広告を表示します〔図表5-3〕。

このとき、ユーザーのキーワードにマッチした商品の画像や説明が広告の一部として使われ、サイト内の商品詳細ページなどがランディングページとなります。商品名や画像、説明などの一連のデータは「フィード」(※1)というデータに加工して広告ネットワークに登録するため、「データフィード広告」とも呼ばれます。

ショッピング広告、動的リターゲティングの概念図 〔図表5-3〕

- ユーザー：商品名やブランド名で検索 → ショッピング広告
- ユーザー：商品詳細ページを訪問済み → 動的リターゲティング
- 商品情報データベース：商品の名前や画像、ランディングページをまとめた「データフィード」を用意

※1 フィード
Webサイトのコンテンツや商品情報などを外部に配信するために加工した文書のこと。

商品情報とユーザーリストで再訪問を促す

　商品情報データベースと、次に解説するユーザーリストを活用するのが「動的リターゲティング」です。両者をマッチングさせることで、表示する広告を動的に変化させます。リターゲティング(※2)とは、過去にサイトを訪問したことのあるユーザーに対して再訪問を促す手法のことで、「追跡型広告」とも呼びます。

　例えば、特定の商品詳細ページを見たユーザーが購入せずに離脱してしまったとき、そのユーザーが別のサイトを訪問したときに、当該商品のディスプレイ広告を表示します。広告を見て商品を思い出してもらい、再訪問を促すわけです。

サイト訪問者を自動的にリスト化してターゲティング

　ユーザーリストや顧客データをアセットとする手法には、「リターゲティング」「カスタマーマッチ」「類似ユーザー」があります。これらの概念図は次ページに記載しています〔図表5-4〕。

　リターゲティングについては前述の通りですが、単に再訪問を促すだけでなく、商品のリピート購入や関連商品の購入を促すうえでも重要です。本書でもさまざまな施策を紹介しています。

　カスタマーマッチは、既存顧客のメールアドレスをリスト化し、広告ネットワークにアップロードすることで実施します。AdWordsの場合、そのアドレスがGoogleアカウントと照合され、一致したユーザーがGoogle検索やYouTube、Gmailなどを利用したときに自社の広告を表示します。Facebook広告にも「カスタムオーディエンス」という同様の仕組みがあります。

　類似ユーザーは、リターゲティングやカスタマーマッチのユーザーと傾向が似ていて、かつ自社サイトを訪問していないユーザーをリスト化する手法です。Facebook広告では「類似オーディエンス」と呼びます。GoogleやFacebookが開発した機械学習のアルゴリズムに基づいており、有望な新規ユーザーを広告の配信対象にする目的で利用します。

※2　リターゲティング
「リマーケティング」とも呼ばれる。
本書では機能名や画面表記を除き
「リターゲティング」で統一する。

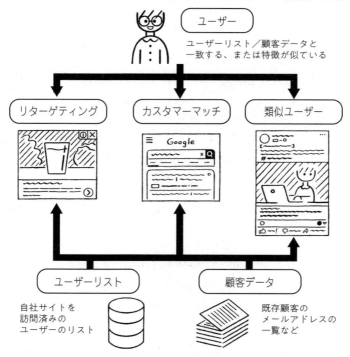

リターゲティング、カスタマーマッチ、類似ユーザーの概念図 〔図表5-4〕

社内横断でアセットの整備を進めよう

　アセットを活用した広告運用では、アセットそのものが重要です。自社サイトのコンテンツや商品情報データベースは、あれば何でもいいわけではなく、マーケティングで活用できるように整備されている必要があります。

　広告運用者が先導役となり、経営層やマネージャーはもちろん、社内の他部署、さらに外部パートナーを巻き込みながら進めていく必要があることを、あらかじめ理解しておいてください。(寳)

> **まとめ**
> サイトのことは制作会社、広告のことは代理店に任せきりではいけません。自社のアセットを把握し、それを有効活用する手法を理解したうえで広告運用に生かしましょう。

6 カスタマージャーニーの全体から発想しよう

「コンバージョンに至る道のりのどこにいるのか？」が重要

> ユーザーはネット広告を見た途端に商品を買ってくれるわけではなく、いくつかの段階を踏んでから購入に至ります。ここでは広告運用におけるカスタマージャーニーの考え方と、注意すべき点を整理します。

顧客のステージごとにアプローチを考える

ユーザーが自社の商品を知り、検討し、購入に至るまでの道のりは、しばしば「カスタマージャーニー」と呼ばれます。

ほとんどのビジネスでは、顧客との関係は一度きりではなく長く続くことが理想的です。顧客が商品と出会ってから、くり返し愛用してハッピーエンドを迎えるまでを長い旅として「全体」で捉え、アプローチを考える必要があるでしょう。

カスタマージャーニーにおける広告の役割とは、顧客が次のステージに進むための接点となることです。よって、ネット広告の運用計画においては、カスタマージャーニーのどのステージにいる顧客に向けた施策なのかを、明確に意識することが重要です。

「次のステージに進む」ことを「態度変容を促す」と言うこともあるよ

ステージが変われば広告の役割も変わる

　カスタマージャーニーにおけるステージを3つに分け、それぞれにおけるネット広告の主な役割を整理すると、以下の図のようになります〔図表6-1〕。

　自社の顧客や商品にあわせて、さらに詳細なカスタマージャーニーを描くこともできると思いますが、ベースとなるのはこの3つです。ステージを意識して施策を検討すれば、自然とクリエイティブの作成や評価の方針も決まってくるでしょう。

知る

まだ商品やサービスを知らないステージ。自社サイトの新規ユーザーに商品を認知してもらうことが広告の役割です。

考える

商品を知っているが、まだ購入していないステージ。自社サイトの既訪問ユーザーに対して興味・関心を喚起するか、類似商品や代替サービスなどとの比較・検討を促すのが広告の役割です。

決める・愛用する

商品の購入、サービスの契約など、コンバージョンとなる行動を起こすステージ。既訪問ユーザーに対しては初回購入、既存顧客には2回目以降の購入を促すのが広告の役割です。

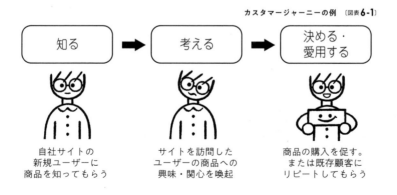

カスタマージャーニーの例　〔図表6-1〕

施策の評価は同じステージ内で行うのが原則

　カスタマージャーニーからネット広告の施策を考えるうえで注意すべきなのは、ステージが異なる施策の成果を、同じ指標で評価してはいけないという点です。

　例えば、以下の2つの施策を展開していたとします。

①自社サイトの新規ユーザーに向けた「一般キーワードの検索広告」
②既訪問ユーザーに向けた「ブランドワード(※1)の検索広告」

　ネット広告の成果を評価するときには、1コンバージョンあたりの費用を表す「CPA」(※2)という指標をよく用います。CPAが低いほど効率的だったと判断できますが、この2つの施策をCPAだけで評価するのは誤りです。

　新規ユーザーよりも既訪問ユーザーのほうが、よりコンバージョンに近いステージにいるのは明らかです。また、ブランドワードで検索している時点で、自社や商品にすでに興味があることが伺えます。②のほうがCPAが低くなるのは当然です。

　それを考慮せずに②ばかりに注力していると、既訪問ユーザーに広告を出し尽くしてしまい、そのうち成果は頭打ちになります。新規ユーザーを既訪問ユーザーへと転換する①の施策と、バランスを取りつつ実行する必要があるわけです。

　施策ごとの善し悪しは、カスタマージャーニーの同じステージ内で比較・評価するのが原則です。ステージごとに予算や目標、指標を定め、さまざまな施策を試していくようにしましょう。(寶)

> **まとめ**
> ネット広告の役割は、顧客がカスタマージャーニーの次のステージに進む接点となることです。全体を見渡したうえで施策を立案・評価する視点を忘れないようにしましょう。

※1　ブランドワード
自社名や商品名そのもの、またはそれらを含むキーワードのこと。

※2　CPA
「Cost Per Acquisition」の略。「コンバージョン単価」「顧客獲得単価」とも呼ばれる。

1 競合との差は引き算で見つけ出す

「私たちは○○でしかない」が強みになる

> ネット広告で自社サイトや商品をアピールするのは当然ですが、「何をどうアピールするか？」を考えると、悩んでしまう人が多いようです。そこで前提としてほしいのが、引き算の発想です。

ネット広告であれこれ「盛る」のは意味がない

　広告のタイトルや説明、画像などは「クリエイティブ」と呼びます。クリエイティブについては次章以降でもたびたび扱いますが、その作成にあたっては、自社サイトや商品、顧客はもちろん、競合他社を意識することが前提になってきます。

　特に競合に対しては、自社が上回っている部分をクリエイティブでアピールしたいものですが、広告だからと誇張気味に「盛る」のは意味がありません。今ある状態にムリヤリ足し算をしたところで、自社の強みがシャープになることは少ないからです。

自社の強みを尖らせるのに有効なのは、むしろ引き算です。「結局のところ、私たちは○○でしかない」。そのように冷静に突き放し、自社を客観的に眺めることにより、競合には替えることのできない「屋台骨としての強み」が浮かび上がってきます。ネット広告で伝えるべき点も、そこにあります。

屋台骨としての強みは社内メンバーとの会話から

　とある小さなECサイトで、筆者が伺った話です。そのサイトのマーケターの方がお客様サポートの担当者と会話したところ、自社サイトの商品には他店にはないカラーがあり、愛好者がひそかに多いことがわかりました。

　この情報をもとにユニークなカラーを増やすことにし、商品の色見本となるサンプルを取り寄せられることを広告で訴求したところ、購入者が大幅に増加したそうです。「他店にはないカラー」という強みに気づき、それをシャープにした好例と言えるでしょう。

　こうした強みは、広告運用者やマーケターだけで考えるべきではありません。もちろん、外部の代理店やコンサルタントに決めさせるべきことでもありません。社内で直接顧客と接している営業部門や、お客様サポートのメンバーとの会話から気づきを得ることが多いでしょう。彼らと定期的にミーティングを持つなどして、ぜひネット広告の業務にも巻き込んでください。（寳）

> **まとめ**
> 競合の広告を並べて見ていると、どれもほとんど同じことを言っているなと感じませんか？ 他社をまねるのではなく、自社の内面から見つけた強みを広告で訴求しましょう。

8
施策のプランは徹底的に言語化しておく

関係者全員でプランニングシートに落とし込もう

> 成功の定義や顧客のステージを踏まえて、ネット広告の施策を計画しましょう。関係者を集めて「誰に何を提供するのか？」をディスカッションし、全員が共有できるよう言語化していきます。

新しい広告施策を具体化する

　カスタマージャーニーのステージを意識し、どのステージに向けた施策なのかを決めただけでは、まだ不十分です。ネット広告の施策1つ1つの計画には、もう少し具体的な要素を加えて考える必要があります。そこで意識したいのが「5W2H＋α」です。

　筆者が実務でも使っている施策のプランニングシートを、次ページに示します〔図表8-1〕。5W2H＋αを、広告運用をはじめとしたマーケティング活動で生かせる形に落とし込んだものです。記入例は「折りたたみ自転車の新商品における、女性客の取り込みを狙った施策」としています。

　5W2Hを分解すると「Who（誰に）」「When（いつ）」「Where（どこで）」「What（何を）」「Why（どうして）」「How（どうやって）」「How much（いくらで）」となり、それだけで面倒くさそう……と思うかもしれません。しかし、これらを言語化することはマーケティングの基本です。プランニングシートではWhoを「ターゲット」、WhenやWhereを「文脈（状況）」などに置き換えて分類しています。

　プランニングシートのいちばん下にある「計測」は「＋α」に相当

プランニングシートの例 〔図表 8-1〕

分類	項目	記入例
目的とKPI	施策の目的	新たな女性ユーザーの獲得
	評価指標と目標	コンテンツ閲覧：1,200件／見学予約：100件／購入：30件
	予算	15万円
	期間	2018年7月～
ターゲティング	ターゲットユーザー	街乗り、ポタリングに使うため軽量でコンパクトな自転車を探している女性。スペックの高さよりも、色や形の可愛らしさを優先。写真映えは必須。
	ユーザーリスト	サイト既訪問の女性ユーザー：3,000人
文脈（状況）	検討段階	情報収集段階
	曜日・時間帯	すべて
	デバイス	スマートフォン
	接触メディア	検索エンジン、SNS、ブログ、まとめサイト、Q&Aサイトの関連コンテンツ
メッセージ	商品・サービス	折りたたみ自転車の新商品。カラーバリエーション12種類
	提供できる価値	自転車のある生活の楽しさ
	訴求ポイント	コンパクト、軽量、低価格、かわいい、カラバリ豊富
	ユーザーのゴール	週末に街乗りして楽しむ
計測	ツール	Googleアナリティクス
	ディメンションと指標	ディメンション：広告媒体および流入元／ランディングページ／デバイス／日別 指標：セッション数／滞在時間／見学予約CV／購入CV

する要素で、5W2Hのすべてに関わります。どのような指標で計測するのか、という観点は意外と抜け落ちがちですが、これが抜けると結果を振り返ることができず、後悔することになります。絶対に忘れないようにしましょう。

　ネット広告運用において何らかの施策を行うときは、このようなプランニングシートを使って計画を具体的にしてから、クリエイティブの作成や出稿の準備に着手するようにします。

計測は特に重要。ここでもGoogleアナリティクスとの連携が役に立つよ！

関係者を集めてディスカッションしながら決めていく

　プランニングシートは、広告運用に携わる関係者全員で作るのが理想です。事前に共有できていない状態で施策が走り出すと、どこかでつまずいてしまうことが多いからです。全員の認識を高いレベルで合わせることが大切です。

　あなたが運用の実務を担当するなら、上長や同僚、部下、そして外部の代理店やコンサルタントにも声をかけ、全員が集まったミーティングで作成しましょう。プランニングシートはホワイトボードに書き出すか、ディスプレイに映し出したExcelやGoogleスプレッドシートに記入していくようにします。(寳)

> **まとめ**
> 広告運用者の頭の中だけで描いている施策は、関係者の理解が得られないこともあり、うまくいきません。ホワイトボードやファイルに書き出して、必ず共有してください。

Chapter 2

検索広告

機械学習の活用と自動化を目指せ

9
機械学習に適した
アカウント構成を意識せよ

広告グループの細分化は、もはや時流に合わない

> AdWordsのアカウントは「キャンペーン」と「広告グループ」で構成されますが、機械学習に適したものにするのがモダンな構成です。ここでは検索広告での例を見ていきます。

自社サイトの構造に沿ったシンプルなアカウントに

　AdWordsをはじめ、現在の広告ネットワークには機械学習によって広告の善し悪しを判断し、効率よく成果を上げられるように最適化していく機能が備わっています。この機械学習の精度を上げるにはデータの「量」や「バリエーション」が必要とされますが、そこで見直しておきたいのがAdWordsのアカウント構成です。

　AdWordsのアカウントは複数の「キャンペーン」(※)と、キャンペーンに内包される複数の「広告グループ」によって構成されます。この構成は、自社サイトの階層構造(ディレクトリ)に沿ったものにすることをおすすめします〔図表9-1〕。広告グループをむやみに細分化せず、広告グループごとにデータの「量」や「バリエーション」が蓄積されやすくするのが狙いです。

　方法としては、まず自社サイトの階層構造の全体図を書き出します。そして、各階層とAdWordsのキャンペーン、または広告グループをプロットしていきます。1つの広告グループにつき、1つのユニークなURLを割り当てるのが基本的な考え方です。

※　キャンペーン
企業が行う広告・宣伝活動が本来の意味だが、ネット広告においては、さまざまな広告をグループ化するもっとも大きな単位を指す。

ディレクトリ構造とアカウント構成の例 〔図表9-1〕

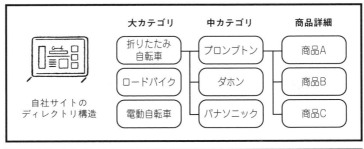

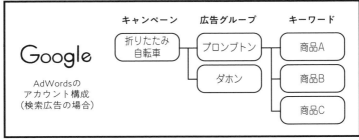

　このとき、例えば「/detail/○○.html」のようにパターン化されている商品詳細ページなどは、1つのパターンをユニークなURLと考えてかまいません。その場合は動的検索広告（52ページを参照）や広告カスタマイザ（78ページを参照）などで広告文を切り替えていきます。

「AIとの協働」を始められる環境を作る

　私たち、つまり生身の人間が広告運用に割ける時間は限られています。その中で最大の成果を上げるには、何もかも人間がコントロールするのではなく、機械学習をうまく利用し、運用を自動化していくことが求められます。AIにネット広告の運用をアシストしてもらう、とでも言うとわかりやすいでしょうか。

　そのためには、無意味なデータの分散をさせず、然るべき単位でデータが蓄積されやすくする仕組みを整えることがスタート地点となります。AdWordsの開始時には必ず意識したい視点です。

細分化された広告グループはリスクとなる

　機械学習が前提となる前、運用者によっては「広告グループをキーワードの数だけ作成する」など、できるかぎり細分化しようとする傾向がありました。このような手法がとられた背景には、キーワードに対して狙い通りの広告文を出せるよう、人間が厳密にコントロールする意図があったと考えられます。

　しかし現在では、広告グループを細分化しすぎるとデータが分散してしまい、機械学習に必要な「量」や「バリエーション」が蓄積されにくくなるリスクがあります。もしも同じキーワードで出稿する競合のアカウントが機械学習に適した構成になっている場合、自社のアカウントでは機械学習が進まない一方で、競合では学習が進み、成果の面で不利となる可能性が否めません。

　機械学習が円滑に働くアカウント構成を意識することは、これからのネット広告運用において前提となる施策です。検索広告のキャンペーンの場合、もし広告グループをキーワードごとに作成しているなら、今後作成するものからサイト構造に沿ったシンプルなものに変えることを検討してみてください。（寳）

これは知らない人多いだろうな〜みんなに教えておこっと

> **まとめ**
> アカウント構成をシンプルにすることは、拡張性や継続性の観点からも理にかなっています。機械学習と自動化の流れに沿った構成に、徐々に変えていきましょう。

10

キーワードの発想は「軸」と「サブ」で

ユーザーの頭の中心と、ニーズに向かう言葉をイメージする

> 検索広告において最初に考えるべきは「どのキーワードに広告を出稿するのか」です。筆者の経験上、もっとも効率的なキーワードの発想法を「折りたたみ自転車」の広告を例に紹介します。

キーワード選定は検索広告で依然として重要

「ユーザーの意図は検索語句[※1]から読み取れる」。この考え方はSEM[※2]において普遍的であり、現在でも変わりません。よって、AdWordsの広告グループには、自社の商品やサービスを利用する見込みがあるユーザーが検索しそうな、有望なキーワードを見極めて登録していくことが基本となります。

ここで意識したいのが、検索語句は「軸キーワード」と「サブキーワード」に分かれるということです。例えば「折りたたみ自転車」=軸、「おすすめ」=サブのような形です〔図表10-1〕。

軸キーワードとサブキーワードの例 〔図表10-1〕

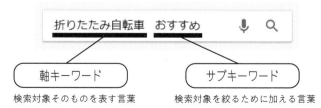

軸キーワード
検索対象そのものを表す言葉

サブキーワード
検索対象を絞るために加える言葉

※1 検索語句
ユーザーが情報を調べるために検索エンジンに入力する言葉のこと。「検索クエリ」とも呼ぶ。広告主が検索広告を出稿するときに設定する言葉は「キーワード」と呼び、区別する。

※2 SEM
「Search Engine Marketing」の略。検索広告やSEO（Search Engine Optimization）など、検索エンジンを利用するユーザーを対象としたマーケティング活動のこと。

軸からサブへ、検討の深さを意識してまとめる

キーワード選定の流れとしては、最初に軸キーワードを商品やサービスごとに書き出します。続いてAdWordsのキーワードプランナー(※3)、Googleのサジェストキーワード（50ページを参照）を参考にしつつ、サブキーワードを見つけていきます。

最後に、ユーザーの検討の深さの度合いによって、軸キーワードとサブキーワードをグループにまとめていきます。「折りたたみ自転車を例にすると、以下のような軸・サブキーワードが挙げられるでしょう〔図表10-2〕。

検討の深さと軸・サブキーワードの例　〔図表10-2〕

	軸キーワード	サブキーワード
準顕在層 漠然と欲しくて幅広く検索	折りたたみ自転車 ミニベロ 小径車	おすすめ おしゃれ 選び方 通勤 旅行
顕在層 選択肢を絞って検討している	ブロンプトン ダホン BD-1	価格 比較 色 クチコミ メリット
行動層 目的が定まって行動しつつある	ブロンプトン	購入 予約 店舗 専門店 試乗
愛用層 購入した商品をもっと好きになった	ブロンプトン	イベント カスタム 海外輪行 アクセサリ 修理

※3　キーワードプランナー
キーワードの候補や検索回数などの予測データを確認できるツール。AdWordsの管理画面にある［ツール、お支払い、設定］メニューの［キーワードプランナー］から表示できる。

「ニーズの束」としてサブキーワードを分類

　サブキーワードは無数にあり、細かく見ていくほどまとまらなくなるものです。しかし、キーワードをグループ化できないと、ユーザーが絞り込もうとする意図を部分的にしか汲めておらず、登録すべき検索語句を見落としてしまうかもしれません。

　そこで意識したいのが、サブキーワードを軸キーワードから伸びる「ニーズの束」として捉える視点です。以下の図は、軸キーワードとして「折りたたみ自転車」を置き、「おしゃれ」「かっこいい」「カラバリ」といったサブキーワードを想定しました。すると、それらのサブキーワードは「スタイル」というニーズに向かって伸びていく線のようにイメージできます〔図表**10-3**〕。

　ほかにも「安い」「軽い」といったサブキーワードが思い浮かびますが、それらは別の方向に伸びている線になるでしょう。例えば「価格」「性能」といったニーズの方向です。

　このように、サブキーワードをニーズに向かう線としてイメージし、同じ方向に伸びている線を束ねると、分類しやすくなります。ぜひトライしてみてください。（寳）

サブキーワードを「ニーズの束」として捉えた例　〔図表**10-3**〕

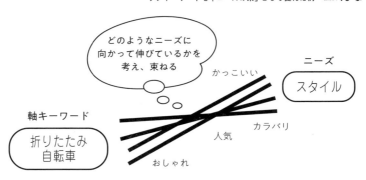

まとめ

「ニーズの束」という考え方は、検索広告における広告文のバリエーションを作成するときにも生きてきます。常に頭に留めておくといいでしょう。

11
すべてのキーワードを事前に調べ抜く

ニーズの全体像を捉えるサジェストキーワード分類法

> キーワードは検索広告の源になるデータですが、広告に限らず、自社のビジネス全般に関わるデータでもあります。その全体像を捉えておくことは、のちのち広告文の作成などにも役立ちます。

広告を出稿するかどうかに関係なくキーワードは重要

　SEMにおけるキーワードは、自社の事業ドメインそのものです。よって、自社にとって重要なキーワードは、想定できるすべてを事前に洗い出しておくべきです。

　事業ドメイン、つまり企業が「誰に何をどのように提供するのか」という範囲は、自社サイトのコンテンツや広告の対象となるキーワードの範囲であるとも言え、全体像を把握しておくことは非常に重要です。仮に現段階で広告を出稿する予定がなくても、全体像を把握したうえでマーケティング活動に取り組めば、事業が成長して施策の規模が大きくなったときにも備えられます。

　キーワードの洗い出しには「サジェストキーワード」を活用します。Googleの検索ボックスにキーワードを入力すると、ユーザーが実際に検索している語句に基づく、一緒に検索するキーワードの候補が表示されます。この一覧を網羅的に取得できるツールとして「goodkeyword」[※]があり、軸から広がるキーワードの全体像を捉えることができます。

※ goodkeyword
https://goodkeyword.net/

広告文の切り口やコンテンツのアイデアにもなる

　取得したキーワードは、Excel に貼り付けて分類するか、ツリー状に図示します〔図表11-1〕。例えば「折りたたみ自転車 インチ」というキーワードを見つけたら、「インチ」が含まれるキーワードを「サイズを表す分類」としてまとめていくイメージです。

　この段階では検索回数はいったん置いておき、どのようなバリエーションがあるのかを把握することに注力しましょう。実際にやってみると、想像以上にバラエティに富んでいるはずです。

　地道な作業ですが必ず気づきがあるもので、出稿するキーワードの候補を探すのはもちろん、広告文の切り口やコンテンツのアイデアまでもが見つかる、クリエイティブなプロセスと言えます。まずは自社のビジネスにとってもっとも重要なキーワードから始めて、効果を感じ取ってみてください。(寳)

重要なキーワードを分類した例　〔図表 **11-1**〕

```
                    ┌─────────────┐
                    │ 折りたたみ自転車 │
                    └──────┬──────┘
        ┌──────────┬───────┴────┬────────────┐
   ┌────┴─────┐ ┌──┴──┐    ┌───┴──┐  ┌──────┴──────┐
   │人気／おすすめ│ │サイズ│    │ 重量 │  │メーカー／ブランド│
   └──────────┘ └─────┘    └──────┘  └─────────────┘
```

人気／おすすめ	サイズ	重量	メーカー／ブランド
折りたたみ自転車 おすすめ	折りたたみ自転車 6インチ	折りたたみ自転車 5kg	折りたたみ自転車 esr
折りたたみ自転車 売れ筋	折りたたみ自転車 8インチ	折りたたみ自転車 6kg	折りたたみ自転車 excel
折りたたみ自転車 ランキング	折りたたみ自転車 10インチ	折りたたみ自転車 7kg	折りたたみ自転車 impossible
折りたたみ自転車 人気	折りたたみ自転車 12インチ	折りたたみ自転車 8kg	折りたたみ自転車 あさひ
折りたたみ自転車 おしゃれ	折りたたみ自転車 14インチ	折りたたみ自転車 9kg	折りたたみ自転車 イギリス
折りたたみ自転車 かっこいい	折りたたみ自転車 16インチ	折りたたみ自転車 軽い	折りたたみ自転車 イルカ
	折りたたみ自転車 18インチ	折りたたみ自転車 軽量	折りたたみ自転車 ウルトラライト
	折りたたみ自転車 20インチ	折りたたみ自転車 重さ	折りたたみ自転車 エーバイク
	折りたたみ自転車 22インチ		折りたたみ自転車 エフ
	折りたたみ自転車 24インチ		折りたたみ自転車 オートライト
	折りたたみ自転車 26インチ		折りたたみ自転車 カインズ
	折りたたみ自転車 インチ		5 links 折りたたみ自転車
	折りたたみ自転車 何インチ		ducati 折りたたみ自転車
	折りたたみ自転車 最小		dunlop 折りたたみ自転車
	折りたたみ自転車 大きさ		duomo 折りたたみ自転車
			jeep 折りたたみ自転車
			lamborghini 折りたたみ自転車
			land rover 折りたたみ自転車
			land slider 折りたたみ自転車
			lcc 折りたたみ自転車
			leticia 折りたたみ自転車
			llbean 折りたたみ自転車
			loft 折りたたみ自転車
			nbox 折りたたみ自転車
			shine wood 折りたたみ自転車
			xeres 折りたたみ自転車

> **まとめ**
> コンサルタントである筆者は、この分類を行う前と後で、クライアントのビジネスに対する理解がまったく変わることがよくあります。地道ながら発見のある作業です。

12
動的検索広告は縁の下の力持ち

手動で登録しきれない膨大な検索バリエーションを支える

> ユーザーの検索語句は多種多様であり、常に変化しています。広告運用者が1人ですべてを追い続けるのは不可能ですが、AdWordsの動的検索広告が、それを補完する役割を担ってくれます。

広告運用者がすべての検索語句を予測するのは不可能

　自社サイトのコンテンツをアセットとし、ページと関連性の高いキーワードの検索時に自動で広告を表示する動的検索広告は、多種多様な検索語句をカバーするうえで有効な施策となります。

　Googleが調査したAdWordsの検索広告に関するデータ(※)を以下に示します〔図表12-1〕。これだけ見ると断片的ですが、筆者は2つの傾向を示唆していると考えています。「ユーザーの検索語句は常に変化している」こと、そして「検索語句のバリエーションは広告運用者が予測できる範囲を超えている」ことです。

Googleの調査による検索語句の傾向 〔図表12-1〕

過去90日間に一度も検索されたことのない検索語句の割合	広告主のキーワードと完全に一致しない検索語句の割合	ユーザーの検索語句が3つ以上の語句で構成される割合
20%	70%	54%

※　検索広告に関するデータ
Googleの代理店向けイベントで発表された情報や、以下のヘルプの情報に基づく。
https://support.google.com/partners/answer/2497828?hl=ja

バリエーションに富んだ検索語句に自動対応できる

　動的検索広告を出稿するには、自社サイトのGoogleインデックスやページフィードに基づいて対象ページを指定します。すると、そのページがランディングページになるとともに、ページのコンテンツと関連性の高い語句で検索されたときに広告を表示します。

　広告運用者がキーワードを登録しなくても、バリエーションに富んだ検索語句に対して自動的に広告を表示できるため、従来型の検索広告の取りこぼしを防ぐ役割を担います〔図表12-2〕。

通常の検索広告と動的検索広告の違い　〔図表12-2〕

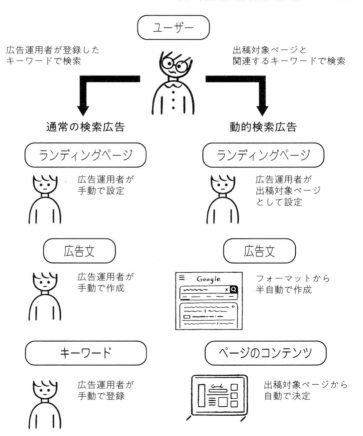

ページフィードをAdWordsにアップロードする

出稿対象ページを指定するページフィードは、以下の実施手順でAdWordsにアップロードします。アップロード画面ではテンプレートとなるCSVファイルを取得できるので、それを参考に「Page URL」と「Custom Label」を1行ごとにまとめ、保存したものをアップロードするといいでしょう。

Custom Labelには、サイトの階層やカテゴリ、注力の度合いなどを、セミコロンで区切って複数指定できます。ターゲットや入札価格の調整に使える情報を入力しておくと便利です。

実施手順

① 出稿対象ページのフィード（CSVファイル）を用意する〔図表12-3〕。
② AdWordsの管理画面で［ツール、お支払い、設定］メニューから［ビジネスデータ］を選択する〔図表12-4〕。
③ ［＋］ボタンから［ページフィード］を選択する。
④ ［ファイルを選択］からページフィードをアップロードする。
⑤ キャンペーンの設定で、動的検索広告のターゲティングソースとして［自分のページフィードのURLのみを使用する］を選択し、アップロードしたページフィードを選択する〔図表12-5〕。
⑥ 動的検索広告用の広告グループを作成し、ターゲットと広告文を設定する〔図表12-6〕。

動的検索広告で利用するページフィードの例　〔図表12-3〕

Page URL	Custom label
https://cycle.dekiru.net/	トップページ
https://cycle.dekiru.net/foldingbike/	大カテゴリ;折りたたみ自転車
https://cycle.dekiru.net/roadbike/	大カテゴリ;ロードバイク
https://cycle.dekiru.net/foldingbike/brand/brompton/	メーカー別;ブロンプトン
https://cycle.dekiru.net/foldingbike/brand/dahon/	メーカー別;ダホン
https://cycle.dekiru.net/shopdetail/a001/	商品詳細;ブロンプトン;ランクA
https://cycle.dekiru.net/shopdetail/a002/	商品詳細;ブロンプトン;ランクB
https://cycle.dekiru.net/shopdetail/a003/	商品詳細;ブロンプトン;ランクC
https://cycle.dekiru.net/shopdetail/a004/	商品詳細;ダホン;ランクA
https://cycle.dekiru.net/shopdetail/a005/	商品詳細;ダホン;ランクB

[図表 12-4]

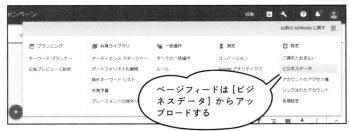

[図表 12-5]

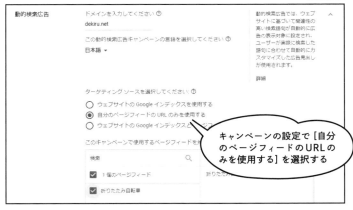

[図表 12-6]

出稿すべきではないページまで対象にならないように

　動的検索広告が開始されて間もないころ、筆者は運用を預かっていた広告主のアカウントで苦い経験をしたことがあります。

　広告主（企業A）のサイト内にあるBtoB成功事例のページが出稿対象になっており、その事例として登場する企業、つまり広告主の顧客企業（企業B）の名前がキーワードになっていました。企業Bの名前で検索すると、企業Aの広告が表示されるという好ましくない状態で、ご迷惑をおかけしてしまいました。

　動的検索広告の出稿対象として自社サイトのGoogleインデックスを使い、その条件指定が間違っていると、出稿すべきではないページとキーワードまで対象になってしまいます。ここで解説したように、出稿対象にしたいページを明示的に指定できるページフィードを使うほうが安心です。

　また、動的検索広告の広告文の見出しは、主にページの<title>タグや<h1>タグから自動生成されますが、時おり日本語として不完全なことがあります。どのような広告が出ているかを確かめ、ブランドイメージの観点から気になる場合は、出稿を控える判断をするのも妥当です。（寳）

まとめ

検索語句、ページ、広告文が理想的な状態でマッチする動的検索広告のクリック率は高く、クリック単価も抑えられます。成果も下支えしてくれる心強い施策です。

13 確度の高いユーザーをゴールまで導け

検索広告におけるリターゲティングの考え方

> 自社サイトを訪問したことのある人が、自社商品に関するキーワードで検索したとしたら、その人は間違いなく購入する可能性が高いユーザーでしょう。それを取りにいくのが「検索広告向けリマーケティング」です。

アセットを活用して検索ユーザーを絞り込む

自社サイトを訪問したことがあるユーザーや、自社商品を購入したことがあるユーザーは、コンバージョンする「確度の高い」ユーザーだと考えられます。こうしたユーザーを狙い撃ちする検索広告の手法が「検索広告向けリマーケティング」(※1)です。

検索広告向けリマーケティングでは、サイト訪問ユーザーのリストや既存顧客のリストといった自社のアセットを活用し、その人々が検索したときに広告を表示します。

サイトに来た人が検索もしてくれたら、けっこう好きってことだよね!

※1 検索広告向けリマーケティング
「Remarketing Lists for Search Ads」を略して
「RLSA」とも呼ばれる。

以下の図は、検索ユーザーのコンバージョンへの距離を、サイト未訪問・既訪問などの条件ごとに示したものです〔図表13-1〕。

　同じ「折りたたみ自転車」というキーワードで検索したユーザーでも、自社サイトの未訪問者と既訪問者では、既訪問者のほうがコンバージョンに近いはずです。自社のショップ名を覚えていれば、購入するお店の候補に入っているかもしれません。

　また、既訪問者の中でも、過去に購入（コンバージョン）したことがある人は、折りたたみ自転車の関連商品などを購入してくれる可能性が高いと言えます。検索広告向けリマーケティングでは、そのようなユーザーに対しては入札単価を上げ、確実に広告を表示することでコンバージョンを取りにいきます。

検索ユーザーの条件とコンバージョンへの距離　〔図表13-1〕

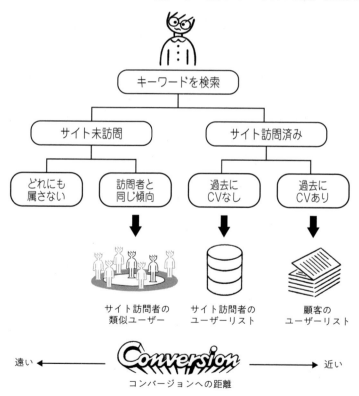

サイト訪問ユーザーはGoogleアナリティクスで選出

　自社サイトを訪問したことのあるユーザーの選出には、Googleアナリティクスを活用すると便利です。商品詳細ページを見た人など、特定の行動をした人だけを集めたユーザーリストを作成することも可能で、具体的な手順はディスプレイ広告の「GAリマーケティング」の施策で解説しています（149ページを参照）。

　作成したユーザーリストは広告の配信対象＝オーディエンスとして指定でき、通常のユーザーとは分けて成果を確認できます。最初は入札価格を調整せずにおき、サイト訪問ユーザーのほうが成果が高いことを検証できたら、入札価格調整で「引き上げ」を設定するといいでしょう。一連の手順は以下の通りです。

[実施手順]

① AdWordsとGoogleアナリティクスをリンクしておく。
② Googleアナリティクスでユーザーリストを作成する。
③ AdWordsの管理画面でオーディエンスを作成し、［ウェブサイトを訪れたユーザー］からユーザーリストを選択する〔図表13-2〕。
④ オーディエンスの入札単価を引き上げるには、［入札単価調整比］の列で［編集］から引き上げる割合を指定する〔図表13-3〕。

〔図表13-2〕

Googleアナリティクスで作成したリストをオーディエンスに設定できる

[図表13-3]

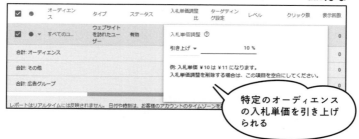

特定のオーディエンスの入札単価を引き上げられる

自社のリストをアップロードしてカスタマーマッチを実施

顧客のユーザーリストは、自社内にある顧客リストなどを以下の実施手順でアップロードします。メールアドレスや住所などの個人情報はハッシュ化(※2)されます。

例えば、購入者のメールアドレスの一覧をアップロードすると、そのアドレスでGoogleにログインしている状態で検索したユーザーがターゲットとなります。アセットを活用した施策の「カスタマーマッチ」(33ページを参照)がこれに当たり、特にリピート購入のニーズが高い商品で効果を発揮するでしょう。

なお、検索広告でユーザーリストを使うには1,000件以上のデータが必要で、ディスプレイ広告よりも多くなっています。リストに該当し、かつ検索したユーザーという条件で結果的に絞り込まれてしまうので、規模が小さくなりすぎないようなボリュームを意識してください。

〔実施手順〕

① Adwordsの管理画面で[ツール、お支払い、設定]メニューから[オーディエンスマネージャ]を選択する。
② [+]ボタンから[顧客リスト]を選択する。
③ 自社内にあるリストをアップロードする〔図表13-4〕。

※2 ハッシュ化
元のデータを特殊な計算手順によってハッシュ値と呼ばれるランダムな文字列に置き換え、復元できない状態にすること。メールアドレスやパスワードの受け渡しなどで行う。

〔図表 **13-4**〕

「オーディエンスマネージャ」から顧客リストをアップロードする

自動入札やキーワードとの組み合わせも効果あり

　検索広告のユーザーリストは「スマート自動入札」(87ページを参照) と一緒に使うと、最適化のためのシグナルを機械学習に与える役割を果たします。

　詳しくは後述しますが、ユーザーリストに基づくオーディエンスがあるキャンペーンに「目標コンバージョン単価」や「拡張CPC」などの入札戦略を設定すると、機械学習はオーディエンスをシグナルとして読み取り、入札価格を自動的に調整します。

　また、キーワードの工夫でもアイデアが広がります。例えば「クリスマスプレゼント」など、ビッグワードすぎて出稿自体していなかったキーワードでも、ユーザーリストで絞り込めば費用を抑えつつ成果を出せるかもしれません。前節で解説した動的検索広告との組み合わせも考えられ、思いもよらないキーワードでコンバージョンを生むことがあります。(寳)

> **まとめ**
> 検索広告向けリマーケティングとビッグワードの組み合わせは、有効なオプションになりえます。サイト訪問ユーザーなどと組み合わせて、新たな施策を考えてみましょう。

14
広告の品質改善で見るべき
3つの指標

キーワードごとに評価を見てアクションを検討する

> 自社の検索広告が上位に表示されるかどうかは、広告の品質が大きく影響します。それを決める3つの指標を知り、検索広告の成果を伸ばすためのスタート地点に立ちましょう。

改善の指針となる指標に注目する

　出稿している広告の成果を改善するにあたっては、AdWordsの管理画面で確認できる「推定クリック率」「広告の関連性」「ランディングページの利便性」の3つの指標に注目します。これらの指標を改善することが、結果的に成果を上げることにつながります。

　AdWordsで実際に自社の広告が表示されるかは、競合の広告主も参加するオークションによって決定されます。しかし、お金さえ積めば広告が上位に表示されるわけではありません。お金＝入札単価に加え、「広告の品質」も大きな鍵を握っています。

　広告の品質を管理画面で直接確認することはできませんが、その指針となる「品質スコア」については、管理画面でキーワードごとに確認できます。品質スコアは10段階の数値で表されます。

　また、広告の品質は前述の3つの指標によっても左右されます〔図表14-1〕。これらは「平均より上」「平均値」「平均より下」の3段階で評価され、「平均より下であれば改善が必要」と、アクションを起こす基準としてわかりやすくなっています。

広告の品質と3つの指標 〔図表 14-1〕

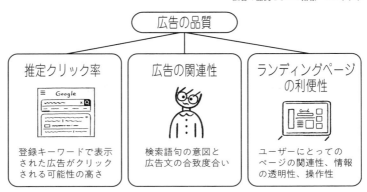

〔実 施 手 順〕

① AdWordsの管理画面でキャンペーンまたは広告グループを選択し、[キーワード]を表示する。
② [表示項目の変更]を選択する。
③ [推定クリック率][広告の関連性][ランディングページの利便性]にチェックマークを付け、適用する〔図表 14-2〕。
④ 期間を設定してデータをダウンロードし、各指標を確認する。

〔図表 14-2〕

「品質スコア」にある3つの指標を表示項目に追加する

広告文を中心に改善を図る

　3つの指標を確認した結果、「平均より下」であった場合に検討すべき施策は以下の通りです。評価は過去にさかのぼれるので、どの施策を行ったら改善したのかを見ていきましょう。

推定クリック率

　広告文を見直します。「今すぐお申し込み」「まずはご登録を」といった行動を促すフレーズを加えたり、訴求するベネフィット（105ページを参照）を変更したりしましょう。「90%のリピート率」「2分で登録完了」など、具体的な数値を入れた表現にすることも重要です。

広告の関連性

　この指標が低いと評価された検索語句を見つけ出し、それを含めた広告文を作ります。検索語句の意図を汲んだ広告文になるよう工夫しましょう。文字列をそろえるばかりではなく、例えば「折りたたみ自転車 8kg」「折りたたみ自転車 軽い」などの検索語句には、「10kg以下の折りたたみ自転車」といった見出しの広告文で訴求します。評価が低いキーワードを除外キーワードに設定するのも有効です。

ランディングページの利便性

　自社サイトをあらためて確認し、ユーザーとより関連性の高いページがあればリンク先に設定します。ユーザー体験を改善することを念頭に取り組みましょう（82ページを参照）。モバイルでのページ表示速度に問題がある場合もあるので、Test My Site（※）でチェックしておきます。（寳）

> **まとめ**
> 3つの指標のうち「平均より下」を見つけたら、改善の余地があるということ。チャンスと捉えて、柔軟かつ大胆にアクションを実施してください。

※　Test My Site
Googleが提供する、モバイルサイトの速度テストツール。
https://testmysite.withgoogle.com/

15 ユニコーンが突出した成果を生む

広告文の基本戦略は機械学習に評価されること

検索広告において、すべての広告文が等しく成果を上げることは滅多にありませんが、「突き抜けて高い成果を上げる広告文」は存在します。その出現を目指すのが、広告文の作成における第一の戦略です。

ずば抜けて優れた広告文を生み出す

優良なベンチャー企業のことを「ユニコーン」と言いますが、ネット広告の世界にもユニコーンが存在します。

米国の著名なマーケターであるLarry Kim氏は、滅多に見られない優れた広告文をユニコーンと呼び、頭1つ抜ける広告文を作ることを提唱しています。ユニコーンと呼ばれる広告文とは、機械学習に「良い」と判断される広告文です〔図表15-1〕。

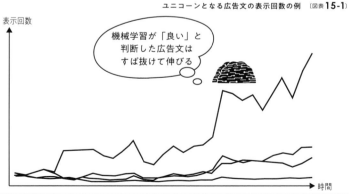

ユニコーンとなる広告文の表示回数の例 〔図表15-1〕

機械学習に評価されると表示回数が急増

　前ページのグラフは、筆者が管理しているAdWordsのアカウントで、特定の広告グループに属している複数の広告文の表示回数（インプレッション）を表したものです。1本だけ、明らかに多くなっているのが見て取れました。この広告文がユニコーンです。

　AdWordsでは、機械学習によって広告文が「良い」と判断されると、その広告文のインプレッションシェア(※)が急上昇することがよく起きます。すると表示回数が増え、クリックが増え、コンバージョンが増え……と、アカウントに好サイクルが生まれるのです。

　機械学習に評価される広告文を作り、ユニコーンを出現させることで表示回数を増やし、大きな成果を狙う。広告文の作成においては、この「ユニコーン戦略」を念頭に置くのが、機械学習の時代に適したアプローチです。

ユーザーの検索語句などから深く悩まず発想する

　とはいえ、ユニコーン戦略において、特別な実施手順はありません。いろいろな広告文を作っては試す。それだけです。

　「評価される広告文」と言うと、広告の賞をとるようなキャッチコピーを想像するかもしれませんが、そういう意味ではありません。そもそも広告賞をとるキャッチコピーが、必ずしも機械学習に評価されるとも限らないでしょう。

　筆者の経験では、これまで見落としていた特定の検索語句に合致した広告文を作成しただけで、その広告文がユニコーンになったことがあります。しかも、関連する検索語句に対する広告文の表示回数まで急激に増える結果となりました。競合がその言い回しで広告文を作っておらず、「ちょうど空いていた」という側面もあるでしょう。チャンスは思わぬところに転がっているものです。

　検索語句を眺めているとユーザーの気持ちが何となく読めてきて、新たな広告文の切り口が浮かんでくることはよくあります。また、状況を理解している外部パートナーと会話することでも、新しい広告文のアイデアが生まれます。

※　インプレッションシェア
広告を表示可能だった合計回数のうち、実際の表示回数の割合。広告の機会損失を測るうえで重要な指標。84ページを参照。

広告文作成のタスクは優先順位を上げて取り組むべき

　ネット広告を運用する私たちは、自社サイトのコンバージョンを増やし、成果を上げることを目的としてAdWordsを利用しているはずです。そして、AdWordsで成果を上げる近道は、ユニコーンとなる広告文を作ることにあります。にもかかわらず、広告文の作成がおろそかになっているアカウントをよく見かけるのは、非常に残念なことです。

　ユニコーン戦略は現在進行系の施策であり、「こうすればユニコーンが出現する」というノウハウは、まだありません。しかし、運用者が広告文を作成するタスクの優先順位を上げれば、ユニコーンの出現に着実に近づきます。豊富なバリエーションの広告文を常に用意したうえで、自社のアカウントにユニコーンがやってくるのを期待しましょう。(寶)

> **まとめ**
> ほかの業務に忙殺されているなど、もろもろの事情はあると思いますが、広告文を作らないことにはユニコーンは現れません。運用者は広告文のために時間を使うべきです。

16 広告文は1グループに最低3本

キーワードに基づく「量」と「バリエーション」を用意する

> 機械学習に評価される広告文を生み出すには、いろいろな広告文を作っては試すしかありません。目安となる本数と、複数の広告文を作るための発想法について見ていきます。

機械学習を働かせるには3〜5本の広告文が必要

　前節では広告文を作ることの重要性を述べましたが、広告文をどれくらい用意すればいいのかは、目安があります。1つの広告グループにつき、3〜5本の広告文を用意してください。

　キーワードについては、1つの広告グループに軸キーワードを1つ、その類義語を複数、サブキーワードを複数登録します。次ページの図は、1つの広告グループに設定されたキーワードと広告文のイメージです〔図表16-1〕。こうすることで、機械学習の精度を上げるために必要なデータの「量」と「バリエーション」が最低限確保され、機械学習が円滑に働くことが期待できます。

同じ検索語句でも表示される広告は異なる

　AdWordsでは機械学習によってユーザー1人ひとりに対する最適な広告が決定されるため、同じキーワードで検索しても、ユーザーによって表示される広告は異なります。それにはユーザーの検索時における「意図」「状況」「アイデンティティ」が考慮されます。

例えば、PCとスマートフォン、検索したときの場所、今までどのようなサイトを見てきたかなどによって、機械学習が適した広告を選ぶため、それを前提として広告文を作成していくことになります。

意図
ユーザーの検索語句。

状況
ユーザーの検索に使ったデバイス、検索時の場所や時間帯。

アイデンティティ
ユーザー属性、サイトの訪問履歴など。

広告グループに登録するキーワードと広告文の例　〔図表**16-1**〕

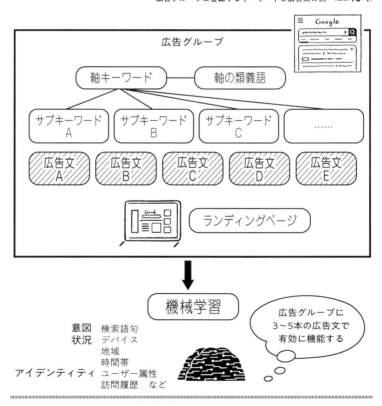

軸キーワードの類義語やサブキーワードに注目する

　機械学習の活用を見据えて広告文の「量」と「バリエーション」を用意するにあたっては、手軽かつ妥当な作り方があります。以下の図に沿って説明しましょう〔図表16-2〕。

　まず、軸キーワードとサブキーワードを使って1本目となるオリジナルの広告文を作成します。続いて、広告文に登録している軸の類義語やサブキーワードを、オリジナルの広告文に入れ込む形でバリエーションを展開していきます。広告文のすべてを新しくする必要はなく、見出しが異なっていれば十分です。

複数の広告文に展開した例　〔図表**16-2**〕

軸キーワード	軸の類義語	サブキーワード
折りたたみ自転車	フォールディングバイク ミニベロ 小径車	おすすめ ポタリング コンパクト 軽量 ブランド 店舗 価格 料金　など

↓

（オリジナル）

折りたたみ自転車専門通販 | 全品送料無料 自転車のタカラ
[広告] cycle.dekiru.net

（軸の類義語「フォールディングバイク」を活用）

フォールディングバイク専門通販 | 全品送料無料 自転車のタカラ
[広告] cycle.dekiru.net

（サブキーワード「ポタリング」を活用）

折りたたみ自転車専門通販 | ポタリングに最適なモデル多数
[広告] cycle.dekiru.net

（サブキーワード「軽量」を活用）

軽量な折りたたみ自転車特集 | 人気5モデルを店長が徹底レビュー
[広告] cycle.dekiru.net

例えば、軸キーワード「折りたたみ自転車」を、類義語である「フォールディングバイク」に置き換えます。サブキーワードは、その言葉自体が持つニーズに沿って文章化していきましょう。広告グループを構成するキーワードがユーザーの検索意図にマッチしやすい環境を、広告文によって作り出していくイメージです。

「伝え方」を常に考えるのが人間の役割

機械学習に適したアカウント構成（44ページを参照）で示した通り、広告グループ内のキーワードは自社サイトのページに基づくことが前提になります。そのキーワードのバリエーションを反映した広告文を作ることが、この施策の意図です。インプレッションシェアが大きく増え、クリック数やコンバージョン数を伸ばせた事例がいくつもあり、高い効果が期待できます。

仕事でもプライベートでも、相手への伝え方ひとつで反応が変わることはよくあります。機械学習の役割は、どのような伝え方だと「イエス」を引き出しやすいのかを判断すること。私たちの役割は、その結果を見ながら新しい伝え方を考え続けることだと言えるでしょう。（寳）

1グループに1つしか広告文がないのはダメかぁ…ボクもがんばらないと

まとめ
広告文の量とバリエーションを用意するのは、あくまでも最初のステップです。広告文の作成は1回で終わりではなく、継続的に続けていく作業と位置づけてください。

17 広告表示オプションをあなどるな

高確率で成果が上がるため「必ず設定」が正解

> 検索広告が表示されたとき、見出しや説明文以外にも「リンク」や「価格情報」などを目にしたことはありませんか? これらを追加する「広告表示オプション」は、成果の面で高い効果が期待できます。

広告文とセットで盛り込む要素を考える

AdWordsの「広告表示オプション」は、広告文の情報量を増やせる機能です。「オプション」と付いてはいるものの、使わないと機会損失になるほど重要なので、実質的には必須の設定と考えてください。メリットは大きく2つあります。

- 広告の表示エリアが広がり、多くの場合、クリック率が上がる
- 広告の掲載順位を決める広告ランクの加点になる

管理画面のメニューに「広告と広告表示オプション」とあるように、両者はセットで考えるものです。検索したユーザーに対しても、通常の広告文と広告表示オプションはセットで表示されます〔図表17-1〕。そのため、同じ訴求が重複しないようにすべきです。

最初から広告表示オプションを広告文の構成要素として捉え、ユーザーの目に触れる全体像をイメージしながら、どこに何を盛り込むかをプロットしていくといいでしょう。

広告表示オプションの例と構成要素 〔図表 17-1〕

広告表示オプションなし

転職は○○【公式】｜日本最大級の転職支援サービス
[広告] career.dekiru.net/正社員の転職
キャリアアドバイザーがあなたの転職を親身にサポート！今すぐ無料登録

↓

広告表示オプションあり

① 転職は○○【公式】｜日本最大級の転職支援サービス
② career.dekiru.net/正社員の転職
③ キャリアアドバイザーがあなたの転職を親身にサポート！今すぐ無料登録
④ 毎日更新・2分で登録完了・利用者満足度94%・面接対策もおまかせ
⑤ タイプ：ハイクラス, 大手企業, 育休あり, 残業ゼロ
⑥ 勤務地で探す　職種で探す　こだわりで探す　適正年収チェック
⑦ 機械メーカー 40歳 男性 - ¥1000万 - 年収20%アップ　もっと見る▼

広告表示オプション

No.	構成要素	何を盛り込むか／文字数
①	広告見出し1～2	ターゲットの目に触れてほしい、もっとも重要なこと 半角30文字（全角15文字）
②	表示URLのパス	サイト内のどの階層にランディングするか 半角15文字（全角7文字）
③	広告文（説明文）	見出しを受けた内容の詳細 半角80文字（全角40文字）
④	コールアウト表示オプション	自社サイトで提供しているユーザーのメリット 半角25文字（全角12文字）
⑤	構造化スニペット表示オプション	商品やサービスの特定の側面 半角25文字（全角12文字）
⑥	サイトリンク表示オプション	併せて読んでもらいたいページとその紹介 リンクテキスト：半角25文字（全角12文字） 広告文：半角35文字（全角17文字）
⑦	価格表示オプション	商品やサービスの名前、価格情報 ヘッダー：半角25文字（全角12文字） 説明：半角25文字（全角12文字）

〔実施手順〕

① AdWordsの管理画面で［広告と広告表示オプション］を表示する。
② ［広告表示オプション］タブの［＋］ボタンから種類を選択し、広告表示オプションを設定する〔図表17-2〕。

〔図表17-2〕

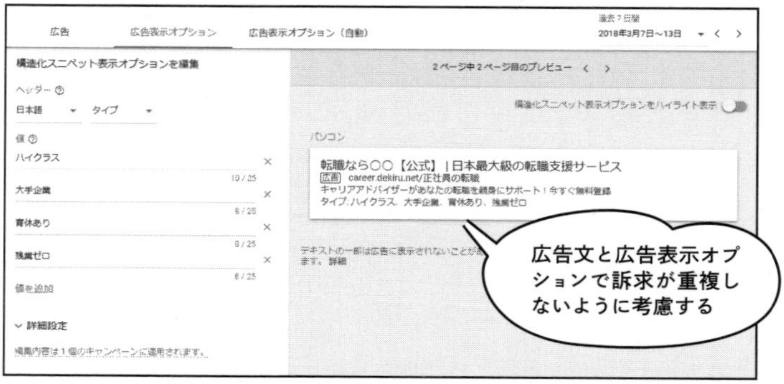

広告文と広告表示オプションで訴求が重複しないように考慮する

　前ページの図では使用頻度の高い広告表示オプションを4つ挙げましたが、ほかにも「電話番号表示オプション」や「住所表示オプション」、「アプリリンク表示オプション」など、さまざまな種類を選択できます。検索したユーザーの「意図」や「状況」などによって、もっともふさわしいと判断された広告表示オプションが使われるため、できるだけ多くの種類と数を用意しましょう。
　なお、広告表示オプションの追加先は、アカウント、キャンペーン、広告グループから選択できます。サイト全体で共通して訴求できることはアカウントに、特定の広告で伝えたいことは広告グループに追加するなどして使い分けましょう。(寳)

> **まとめ**
> 広告表示オプションを新たに設定するだけで、クリック率が数倍に跳ね上がることも珍しくありません。重要なキャンペーンや広告グループから始めてみましょう。

18 ヒットする検索語句は広告文で増やせる

キーワードを増やすよりも表示回数に好影響がある

> ユーザーが検索した多くの語句に自社の広告がヒットすれば、表示回数が増えて成果につながることが予想できます。より多くヒットさせるコツは、実は「広告文を追加すること」です。

検索語句が増えれば表示回数も増える

AdWordsでは、新しく作成（追加）した広告文によって、ヒットする検索語句が変わります。

「広告文の追加？ キーワードの間違いじゃないの？」と思いますよね。しかし、キーワードを追加したときよりも、広告文を追加したときのほうが、表示回数が増えることが多いのです。AdWordsの管理画面をよく見ている人なら、思い当たるのではないでしょうか。

広告文の追加によって表示回数が増えるのは、Googleがそれにマッチしていると判断した検索語句を新たに「引き当てる」からだと考えられます。

実際の検索語句はGoogleアナリティクスでわかる

　筆者は経験上、ユーザーの検索語句と広告文は以下の図のような関係になっていると推測しています〔図表18-1〕。

　広告文は検索語句とランディングページをつなぐ、いわば「橋」のような役割。広告文を追加すると、それまでになかった橋がかかり、ヒットする検索語句が増える、と筆者は考えています。

　となると、特定の広告文が「実際にどのような検索語句を引き当てているのか？」を知ることが重要になってきます。それがわかれば表示回数が増えた原因を理解できますし、増加の原因がわかれば、さらに追加の広告文を書くヒントになります。

　本書執筆時点では、検索語句と広告文の関係はAdWordsの旧管理画面（検索語句レポート）、またはGoogleアナリティクスで確認できます。Googleアナリティクスでの実施手順は次ページの通りです。

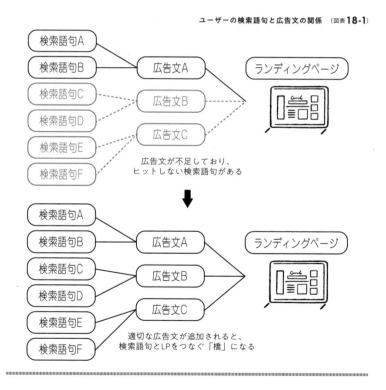

ユーザーの検索語句と広告文の関係　〔図表18-1〕

> 実施手順

① Googleアナリティクスの［集客］メニューから［AdWords］→［検索語句］レポートを表示する。
② セカンダリディメンションに［AdWords広告クリエイティブID］を適用し、レポートをエクスポートする。
③ エクスポートしたデータをAdWordsの管理画面のデータと対照し、検索語句と広告文の関係を確認する。

成果が高い広告文の検索語句をヒントにする

　Googleアナリティクスのデータは「検索クエリ」と「AdWords広告クリエイティブID」、セッションなどの指標が1行ごとにまとまっています〔図表18-2〕。別途「分類」などの列を加えてグルーピングすると分析しやすいでしょう。

　AdWords広告クリエイティブIDは、AdWordsの管理画面で確認できる「広告ID」と同じものです。この2つを紐付けると、検索語句と広告文が連動していることを確認できるはずです。

　ただ、特定の広告文の成果が高い場合、ほかの広告文でヒットしていた検索語句まで、その広告文に引っ張られるような動きが見られることもあります。「厳密に連動するはずだ」などとは考えすぎず、大まかな傾向を理解して「どのような橋をかけると効果的なのか？」を考える手がかりにしてください。（寳）

Googleアナリティクスから出力したデータの例　〔図表18-2〕

検索クエリ	分類	AdWords広告 クリエイティブID	セッション	…
折りたたみ自転車 人気	おすすめ	773057479983	1,000	
ミニベロ 軽い	軽量	216075612704	500	
フォールディングバイク 激安	価格系	221609767127	800	

> **まとめ**
> 検索語句はユーザー（=見込み客）のナマの声です。耳を傾ける姿勢で取り組み、対話するように広告文を書けば、おのずと表示回数は伸びていくでしょう。

19
地域・日時の出し分けには
広告カスタマイザ

広告文を1つに集約すれば機械学習でも有利

> 広告文に都道府県名が含まれるとき、都道府県ごとに広告グループを分けていては非効率です。データフィードを使った「広告カスタマイザ」を活用し、広告文の一部を動的に変化させましょう。

検索時の条件と広告文をデータフィードで定義

　ユーザーの検索語句や、検索したときの曜日や時間、エリアなどの条件に応じて、広告文の内容を変化させたい。「広告カスタマイザ」は、データフィードを使って広告文をリアルタイムかつ柔軟に変更し、広告の動的な出し分けを可能にします。

　例えば、ユーザーの所在地や関心を示す地域の情報と一致する都道府県名を広告文に表記すれば、より「自分に関連した広告だ」と受け取ってもらえるでしょう。条件と広告文を定義したデータフィードは、以下の実施手順でアップロードします。次ページの表はCSVファイルとして作成するデータフィードの一例です〔図表19-1〕。

（実施手順）

① AdWordsの管理画面で［ビジネスデータ］の［＋］から［広告カスタマイザデータ］を選択し、データフィードをアップロードする。
② 広告文の作成時、動的に変更したいフィールドに広告カスタマイザの構文を記述する〔図表19-2〕。

広告カスタマイザで利用するデータフィードの例　〔図表19-1〕

Target campaign	Target location	都道府県名 (text)	スポット数 (text)
AdWS_EV_充電スポット	青森県	青森県	231
AdWS_EV_充電スポット	東京都	東京都	787
AdWS_EV_充電スポット	神奈川県	神奈川県	947

〔図表19-2〕

{ }で囲まれた広告カスタマイザの構文に、データフィードで定義した内容が挿入される

広告グループを集約すれば機械学習にも寄与する

　広告カスタマイザのメリットは、広告グループの構成をシンプルにできることにあります。手間の削減だけでなく、機械学習を最大限に活用するうえでも有効です。

　上記はターゲットの地域情報を例にしましたが、「(車種名) 充電」といった検索語句に広告を表示したいときも、車種名ごとのキーワードで広告グループを分けるより、広告カスタマイザでまとめたほうが効率的です。キーワードごとにURLを設定しておくことで、車種名別のランディングページにも対応できますし、広告グループをまとめれば広告文により多くの実績を蓄積できます。

　ほかにも「〇月のお仕事」のように、検索時日時に応じて広告文の日付を動的に変更させることも可能です。月が変わるたびに広告文を新しく作り直すのではなく、以前のものを引き継いでいくことで実績が溜まり、機械学習に寄与します。(寳)

> **まとめ**
> アイデア次第で何にでも使えそうな機能ですが、すべての検索広告で使おうとすると、逆に手間が増えます。成果が期待できそうなものから使ってください。

20
「思い込み」ではなく「思い」を込めよ

新しいアイデアの広告文で機械学習を味方につける

> 表示回数が多い広告文や、クリック率が高い広告文を作るには、変化し続ける検索語句と検索目的に向き合うことが大切です。設定のテクニックではない、人間の「思い」や「熱量」にも注目しましょう。

ユーザーの検索語句と意図は常に変わっている

　ユニコーン戦略（65ページを参照）で述べたように、広告文を作り続けることは運用者の重要な業務です。そして、運用者なら誰しもクリックされる広告文を作りたいでしょう。

　その際にはユーザーの検索語句を参考にしますが、いちばんやってはいけないのが「こうしたいと考えているのだろう」「こういう気持ちで検索しているに違いない」と思い込み、そう決めつけた広告文ばかり作ってしまうことです。これは広告運用に長く携わっている人ほど陥りやすいと言えます。

管理画面だけを見ていても、いい広告文は作れないよ

深く考え続け、「思い」を込めた広告文を作る

　こうした「思い込み」をなくすには、ある地点で思ったことに固執せず、柔軟に新しいアイデアの広告文を試すことが重要です。そのときには、広告文に「思い」や「熱量」を込めるという発想を持ってください。

　適切な広告文を作るうえで、人間の「思い」や「熱量」は想像以上に大きな役割を果たします。筆者の経験では、商品やサービスについて深く調べたり、ユーザーの気持ちについて仮説を立てたりすることから、成功につながったことが何度もあります。

　例えば、「折りたたみ自転車 おすすめ」というキーワードに対して、「店長おすすめの最新モデルはこちら」という広告文は確かに成立します。しかし、その広告文だけがユーザーの意図に一致しているかと言えば、そうではないでしょう。以下のように「思い」や「熱量」を込めた新しいアイデアの広告文も、ユーザーの意図を反映したものになっているはずです。

「"これがほしかった！"と喜びの声を多数いただいています。」
「職人が本当に作りたかった1台。愛用者が続出中です」

　あなた自身の「思い」でなくとも、開発担当者の「思い」や自社のファンの「思い」を代弁することでも、広告文に「熱量」を反映させることができるのです。そうした広告文を複数作り、機械学習を味方につけることでユニコーンの出現を狙ってください。（寳）

> **まとめ**
> 広告文の切り口を増やす意味でも、営業部門やお客様サポートの担当者との会話は重要です。行き詰まりを感じたら、自ら出向いて彼らにヒアリングしましょう。

21
ランディングページで改善すべきはユーザー体験

検索語句をヒントに「売り場」の見せ方を変える

> 「LPO」(Landing Page Optimization)はコンバージョン率を高める意味で、ネット広告の施策の1つと言えます。どう改善するかはケースバイケースですが、要改善の見分け方と方針ははっきりしています。

重要度は高いが利便性が平均以下のページから着手

　ECサイトにおいて、ランディングページは「売り場」です。広告の成果を上げるには、広告そのものだけでなく、クリックした先にあるページもまた重要であるのは言うまでもありません。

　改善すべきランディングページの優先順位を判断するには、品質スコアを分解した指標「ランディングページの利便性」が役立ちます（62ページを参照）。「平均より下」となったもののうち、多くの費用を使っており、クリックやコンバージョンを生み出しているものから改善に着手しましょう。

検索ユーザーが求めている体験に応える

　ランディングページの改善にあたっては、「ランディングページの利便性」の英語表記である「Landing page experience」がヒントになります。experience、つまり「ユーザー体験」を改善することを方針として取り組みましょう。

　例えば、「特定の商品を探しているユーザーには具体的なコンテン

ツを見せる」といった検索語句との関連性や、「自社の情報を明らかにする」といった情報の透明性が、質の高いユーザー体験につながります。以下の表は、ランディングページの改善で常に確認しておきたいチェックリストです〔図表21-1〕。ユーザーが求めている体験を想像し、その期待に応えられる「売り場」にしていきましょう。(寶)

ランディングページ改善のチェックリスト　〔図表21-1〕

分類	項目
関連性	・ランディングページが広告および検索語句とマッチしているか ・特定の商品やサービスを探すユーザーに具体的なコンテンツを見せられているか ・まだ目的を絞り込めていないユーザーに一般的なコンテンツを見せられているか ・商品やサービスについてオリジナルで有益なコンテンツがあるか ・競合にはない機能やコンテンツがあるか（商品の比較、お客様の声、FAQなど）
透明性と信頼性	・自社のビジネス情報を公開できているか（会社概要、業務内容、運営者情報） ・商品やサービスの説明を読んだあとでフォームに記入できるか ・ユーザーが店舗や会社の連絡先をすぐに見つけられるか ・ユーザーに個人情報の入力を求める場合、理由と目的を明示できているか ・サイト内の広告（スポンサーリンク）は、ほかのコンテンツと区別できているか
操作性	・ユーザーが見つけやすいページの構成やデザインになっているか ・広告で紹介している商品やサービスを簡単に注文できるか ・サイト内の回遊の邪魔になるポップアップなどを使っていないか ・スクロールせずに見える範囲に重要なコンテンツが表示されているか
スピード	・PCとスマートフォンの両方の環境ですぐにランディングページが表示されるか ・ランディングページをAMP（※1）にすることを検討したか ・Test My Site（※2）でモバイルサイトの改善ポイントを確認したか

期待した通りの「売り場」だったらテンションも上がるよね！

まとめ

ランディングページを運用者自身がユーザー目線で体験することも重要です。このページを見て商品を購入する気持ちになるか、イメージしてから改善に取り組んでください。

※1　AMP
「Accelerated Mobile Pages」の略。Googleが推進している、スマートフォンなどのモバイル端末でWebページを高速に表示するためのプロジェクトおよび規格を指す。

※2　Test My Site
https://testmysite.withgoogle.com/

22
まだ伸びる広告は
インプレッションシェアでわかる

予算や品質による機会損失をなくし、成果を増やす

> キャンペーンや広告グループの成果が物足りないとき、原因の切り分けとして参考になる指標があります。予算が足りないのか、広告文が不十分なのか、インプレッションシェアから見極めましょう。

「表示されるはずが表示されなかった」を検証できる

「検索回数が多く、本当はもっと表示されていいはずなのに、何らかの理由で自社の広告が表示されていないのではないか」。管理画面で表示回数やクリック数、コンバージョンなどの数値を見ていて、そう感じたことはありませんか？

それを検証できるのが、「インプレッションシェア」という指標です。インプレッションシェアとは、ユーザーの検索によって広告を表示可能だった合計回数のうち、自社の広告が実際に表示された割合のことです〔図表22-1〕。AdWordsの管理画面の表示項目を変更することで、キャンペーンや広告グループ、キーワード単位で確認できます〔図表22-2〕。

広告が持つポテンシャルを見極める

仮にインプレッションシェアが30％なら、残りの70％は同じキーワードに出稿している競合とのオークションに負け、自社が機会損失をしていることを示します。一方、ポジティブに考えれば成果を

増やせる「伸びしろ」であり、広告が持つポテンシャルを見極めるための指標とも言えます。

　広告を表示できるチャンスがあるにもかかわらず表示されない理由は、予算と広告ランクにあります。それぞれ「インプレッションシェア損失率（予算）」と「インプレッションシェア損失率（広告ランク）」という指標で確認でき、対策は次ページで解説します。

インプレッションシェアの概念図　〔図表22-1〕

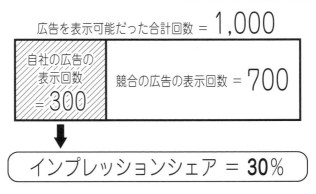

〔図表22-2〕

表示項目を変更すると、インプレッションシェアの関連指標を確認できる

〔実施手順〕

① AdWordsの管理画面でキャンペーンや広告グループ、キーワードの一覧を表示し、［表示項目を変更］を選択する。
② ［競合指標］にある［検索広告のインプレッションシェア］などにチェックマークを付け、適用する。

予算による損失

予算によるインプレッションシェアの損失は、キャンペーンごとに設定する予算（1日あたりの平均費用）の問題です。

これまでの運用結果から1日の執行コストがわかるので、それを上回る予算が設定されていればOKです。下回っていると配信が間引きされ、コンバージョン率が落ちるおそれがあります。

予算を抑える必要がある場合は、キャンペーン内の広告グループやキーワードの入札単価を調整します。広告をしっかり出しておきたいキーワードの配信が間引きされないよう、実績のないものを停止して絞り込むといいでしょう。

広告ランクによる損失

広告ランクは入札単価や広告の品質（62ページを参照）、広告表示オプションなどによって算出されています。

もし成果が出ていて、さらに予算をかける余地のあるキーワードがあれば、入札単価を引き上げるのも手です。しかし実際には、そのようなキーワードはなかなか見つからないはずです。

広告の品質を上げてインプレッションシェアを改善する最良の手は、とにかく広告文を作ることです（68ページを参照）。ユーザーの意図を理解し、検索語句を引き当てる新しい広告文を用意できれば、インプレッションシェアが伸びてくるはずです。

なお、インプレッションシェアはキャンペーンを構成する要素、特にキーワードによって大きく変化します。あくまでも「このキャンペーンの中での機会損失をなくす」という前提で評価してください。（寳）

> **まとめ**
> インプレッションシェア改善の近道は、地道な作業の積み重ねです。「○倍に伸ばせる！」などと大風呂敷を広げるのではなく、慎重に数値の変化を見ながら進めてください。

23 入札戦略は機械学習に任せよう

頻度と精度で人間を上回る「スマート自動入札」

AdWordsの広告配信を支える機械学習は、広告文の善し悪しだけでなく「オークションへの適切な入札単価はいくらか?」も判断します。広告運用者の業務効率化にも寄与する自動入札への移行を検討しましょう。

機械学習による入札単価の調整はすでに一般化している

AdWordsではクリック課金(※1)が基本であり、1クリックあたりの費用はオークションに参加する「入札単価」を上回らない範囲で決定されます。近年、この入札単価の調整を自動化する手法が一般化しており、いち早く取り入れることをおすすめします。

通常、入札単価はキャンペーンの予算や上限クリック単価(※2)を設定することで広告主が調整し、まだ伸ばせる広告は単価を上げ、見込みの薄い広告は単価を下げるか、出稿自体を停止するなどします。しかし、入札単価の調整の「頻度」と「精度」において、すでに機械学習が人間を大きく上回っています〔図表23-1〕。

人間と機械学習による入札の違い 〔図表23-1〕

広告運用者	入札の頻度	入札の精度
人間	1日に数回が限度 (ほかにも業務がたくさんある!)	経験と勘
機械学習	オークションの発生回数と同じ (広告の表示機会が発生するごと)	数百万~数千万通りの シグナルの組み合わせ

※1 クリック課金
ユーザーが広告をクリックするたびに広告費が発生する課金方式。AdWordsでは入札戦略を変更することでインプレッション課金を選択することもできる。

※2 上限クリック単価
「上限CPC」とも呼ぶ。広告の1クリックに対して支払い可能な上限額のこと。入札戦略として「個別のクリック単価」「拡張CPC」を選択したときに設定できる。

数百・数千万通りものシグナルから入札単価を調整

Googleが持つ機械学習の技術により、コンバージョンデータに基づいて入札を自動化する機能は「スマート自動入札」と呼ばれます。以下の図は機械学習が考慮する主なシグナルと、入札単価が決定されるまでの流れを示したものです〔図表23-2〕。

ユーザーが広告を表示したときのデバイスや地域、曜日・時間帯など、基本的なシグナルの組み合わせだけでも、人間が入札単価を細かく調整するのは困難です。スマート自動入札では、人間には到底不可能な数百万～数千万通りものシグナルの組み合わせをオークションが発生するごとに考慮し、入札単価を調整します。

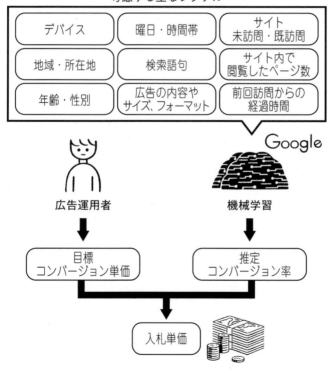

機械学習が考慮する主なシグナルと自動入札の流れ 〔図表23-2〕

人間が決めた「目標コンバージョン単価」の達成を目指す

実際にどのような調整がされるのかというと、まず、AdWordsに設定したコンバージョンとオークションごとのさまざまなシグナルに基づく「推定コンバージョン率」(※3)が算出されます。人間の言葉にすると「この条件なら、このくらいの確率でコンバージョンが取れそうだ」といった予測です。

加えて、人間があらかじめ設定した「目標コンバージョン単価」(※4)が考慮されます。コンバージョンが取れるからといって、機械学習が青天井で単価を上げていっては困ります。「コンバージョン1件に出せるのはこの金額まで」と運用者が入力すると、算出された推定コンバージョン率からその目標を達成できるように単価を調整する、というわけです。

細かい作業よりも重要な業務に時間を当てよう

スマート自動入札を活用することで、運用者は入札単価の調整にかかっていた時間を節約し、ほかの業務に時間を割けるようになります。例えば、以下のような業務です。

- これまでとは違う切り口の広告文やクリエイティブを作る
- 新しいターゲットとなりえるユーザーについて調査する
- マーケティング活動の中長期的な計画を立てる

これらは本来、入札単価の調整よりも優先的に取り組むべき重要な業務ですが、細かい作業に時間がかかることを理由に後回しにされがちでした。機械学習をいち早く取り入れて、人間が注力すべき業務に優先して取り組むようにしてください。(寳)

> **まとめ**
> 自動入札には高い成果を上げることだけでなく、人間の手による単価調整の工数を削減するメリットもあります。運用者がより質の高い業務をするうえでも役立つでしょう。

※3 推定コンバージョン率
機械学習が考慮するとされる指標だが、AdWordsの管理画面で直接確認することはできない。

※4 目標コンバージョン単価
指標であると同時に、スマート自動入札がとる戦略の1つ。自動入札戦略には、ほかにも「目標広告費用対効果」「コンバージョン数の最大化」「拡張CPC」などがある。98ページを参照。

24 機械学習と付き合うコツは マクロマネジメント

「ゴールだけ指示して任せる」のが正解

> 自動入札に移行するとき、広告運用者が持っておきたいのが「マクロマネジメント」の視点です。自分や関係者が手動で調整していたときよりも高い視点から、全体の成果を見渡すことが大切です。

運用者はマネージャー、機械学習は現場のスタッフ

スマート自動入札を使った施策はいくつかに分かれますが、ここでは前提となる考え方について述べます。自動入札においては、運用者と機械学習の関係を、組織における「マネージャーと現場の関係」に置き換えて理解してください。

マネジメントのスタイルには、大きく分けて「マクロマネジメント」と「マイクロマネジメント」があります。

マクロ（巨視的）マネジメントでは、マネージャーが現場に「全体の方針やゴール」だけを示します。達成方法は現場に権限委譲し、現場のスタッフは自分で判断しながらゴールを目指します。

マイクロ（微視的）マネジメントでは、マネージャーはゴールの達成方法を現場に対して細かく指示します。現場は独自に判断して動くことはできず、指示通りに作業をこなしていきます。

自動入札に必要なのは、まさにマクロマネジメントの姿勢です。機械学習が自分の判断で成果を上げるために、環境を整えたうえで方針やゴールを示すのが、人間である運用者の役割です。

従来よりも視点を上げた広告運用が求められる

「機械やコンピュータ、ロボットを活用する」と聞くと、従来の考え方で言えばマイクロマネジメントのほうが近かったと思います。しかし、機械学習に基づく自動入札では逆です。イメージとしては「AIを現場のスタッフとして扱う」ことになります。

AdWordsにはマイクロマネジメントの姿勢でも運用できるように、非常に細かなレベルのレポートが用意されています。データの細部に分け入る「虫の眼」を活用することはもちろん大切で、そうした分析が得意な人もいるでしょう。

しかし、自動入札では人間が判断可能なレベルを超えた膨大なデータから、コンバージョンを獲得するために最適な単価を導き出します。運用者に求められるのは、手動で入札していたときから何段階も視点を上げた「鳥の眼」です。

自動入札の活用を機に、ネット広告で成果を上げることだけでなく、サイト全体のビジネスを成長させることに意識を向けましょう。それには自然検索やオフラインなど、広告以外の流入元に関する施策も含まれます。あなたが事業会社で運用を担当しているなら、まさにあなたにしかできないことであり、自社サイトを中心とした事業を伸ばすチャンスと捉えてください。(寳)

まとめ: 「虫の眼」と「鳥の眼」を使い分けることは、ネット広告を運用するうえでますます重要になってきます。バランスも大切なので、どちらかに寄りすぎないようにしましょう。

25
手動でやりきってからが自動入札の出番

安定して成果が出ているキャンペーンから自動化する

> 実際に自動入札に移行するときは、すでに成果が安定しているキャンペーンを選ぶべきです。これまでに蓄積されたコンバージョンデータが多いほど機械学習の期間が短くなり、早く軌道に乗るようになります。

まっさらなキャンペーンでは学習期間が長くなる

コンバージョンデータが不足している状況では、機械学習に過度な期待をしてはいけません。マネージャーと現場の関係で例えれば、入社したばかりの新人に何もかも任せるようなものです。

自動入札を開始すると機械学習によるモデル[※1]が構築され、以降は成果に応じて継続的にモデルが更新されます。この構築にかかる初期の学習期間は、過去のコンバージョン数が多いほど短期間で済みます。また、CPAの変動も小さくなります。

AdWordsの公式ヘルプでは過去30日間のコンバージョン数[※2]を参照するとあり、目安として30件では学習期間が長くかかり、500件を超えると非常に短くなるとされています。

もうやりきったところで「手を離す」

自動入札は「開始したばかりで実績のないキャンペーン」よりも、「すでに手動運用で成果が安定しているキャンペーン」に適用したほうが早く軌道に乗り、成功の確率が高まります。

※1 モデル
機械学習が導き出した法則性やルールのこと。

※2 過去30日間のコンバージョン数
データが不足する場合は、コンバージョンを本来より一歩手前の「マイクロコンバージョン」に設定するのも有効。168ページを参照。

手動で運用していると、毎月の成果が安定してきたと感じるタイミングがあると思います。やれることはだいたいやって、どのようなユーザーを集客し、どのくらいの成果が上がっているのかが把握できている。その時点で「手を離す」意味合いで自動入札に移行すると、失敗が少なくなると筆者は考えます。自動入札には以下の実施手順で移行します。（寳）

〔実施手順〕

① AdWordsの管理画面でキャンペーンの設定を表示し、［単価設定］を選択する。
② ［入札戦略を変更］を選択する。
③ 「コンバージョンの獲得戦略は？」から［コンバージョン数を自動的に最大化］を選択する。入札戦略を直接選ぶ設定にしている場合は［目標コンバージョン単価］を選択する。
④ 「目標コンバージョン単価」に1コンバージョンに対して支払い可能な上限額を入力し、設定を保存する〔図表25-1〕。

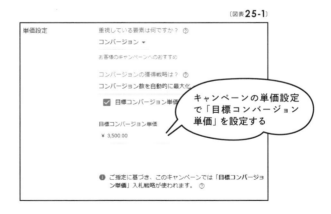

〔図表25-1〕 キャンペーンの単価設定で「目標コンバージョン単価」を設定する

> **まとめ**
> まだ試行錯誤している段階では自動入札にせず、コントロールが効きやすい上限クリック単価（拡張CPC）を活用したほうがいいでしょう。何もかも自動化する必要はありません。

26
自動入札には適切なゴールを与えよ

過去の実績に即した目標コンバージョン単価を設定する

> 「自動入札のゴール＝目標コンバージョン単価」は、高すぎても低すぎても成果を下げる原因になります。過去の実績と自社で検討した目標から目安を試算し、慎重に決定しなくてはいけません。

現実味のない目標値ではコンバージョンが減ることも

自動入札において、適切なゴールを与えることはとても重要です。

明らかに無茶な目標を与えられて、仕事のモチベーションが下がってしまったことはないでしょうか？ 機械学習なので心が動くわけではないでしょうが、可能性がないと考えられる場合、自動入札は「打席に立つ」ことをやめてしまいます。

つまり、高すぎる目標値を設定すると入札機会が失われ、コンバージョンを増やすどころか、減ってしまうことが起こるのです。

例えば、過去にコンバージョンを1件あたり5,000円で獲得していたキャンペーンがあるとします。これを自動入札に切り替え、目標コンバージョン単価を500円に設定するのは愚策と言えます。

実績値から試算しながら目標値を調整する

適切なゴールは企業やキャンペーンによって異なり、正解があるわけではありませんが、目安を出す方法を紹介しましょう。

機械学習はさまざまなシグナルをベースに推定コンバージョン率

を算出し、目標コンバージョン単価を達成するように入札単価を調整します（89ページを参照）。このプロセスで得られる指標を、手計算でざっくり再現していきます。

まず、過去30日間のコンバージョン率の実績をAdWordsの管理画面などで調べて、これを自動入札が求める推定コンバージョン率と見なします。完全に一致しなくても、近い値になるはずです。

続いて、「このくらいであってほしい」という目標コンバージョン単価と予算を仮決めします。ここまでは実績・目標に基づいて数値を決めていきます〔図表26-1〕。

そして、これらの数値を前提としたときのクリック単価、クリック数、コンバージョン数は、Excelなどで計算すれば求められます〔図表26-2〕。推定クリック単価や推定クリック数が現実的か（過去に近い数値が出ているか）、推定コンバージョン数に満足できるかを判断し、最終的な目標コンバージョン単価を割り出していきましょう。（寳）

実績・目標に基づく指標の例 〔図表26-1〕

実績・目標に基づく指標	例	説明
推定コンバージョン率	1%	過去30日間のコンバージョン率の実績から仮定
目標コンバージョン単価	¥3,500	目標値を設定。試算結果を検討しつつ調整する
予算	¥150,000	

試算・推定する指標の例 〔図表26-2〕

試算・推定する指標	例	計算式
推定クリック単価	¥35	＝推定コンバージョン率×目標コンバージョン単価
推定クリック数	4,286	＝予算÷推定クリック単価
推定コンバージョン数	43	＝推定クリック数×推定コンバージョン率

> **まとめ**
> 逆に、目標コンバージョン単価を甘めに設定すると、クリック単価が跳ね上がってしまうことがあります。過去の実績に即した妥当な目標はどれくらいか、よく検討してください。

27
走り始めた自動入札は「見守る」姿勢で

むやみに干渉せず、しかし注意は怠ってはならない

> 自動入札への移行直後に期待した成果が出なくても、むやみに設定を変更してはいけません。入札戦略のステータスに気を配りつつ、静観しましょう。場合によっては、自動入札戦略の変更も検討します。

あとから設定変更すると学習時間が長くなる

　自動入札に切り替えたあと、多くの人がやってしまうミスに「つい手を出してしまう」ことがあります。

　移行直後の成果が期待通りではない場合、我慢できずに手を加えたくなる気持ちはわかります。しかし、人間でいえば任せてもらえた仕事にいちいち口出しされるようなもの。要領のいい人ならスルーできるかもしれませんが、機械学習ではそうはいきません。

　例えば、目標コンバージョン単価が大幅に変更されると、これまでに構築したモデルの軌道修正に時間がかかり、かえってパフォーマンスが安定しなくなることがあります。

　適切と思える目標と設定を行ったなら、直後のパフォーマンスの変化には一喜一憂せず、じっと静観することが大切です。

成果やステータスの異常にはすぐに対応

　ただし、放置していいわけではありません。成果に明らかな変化があった場合、すばやく原因を調べて手を打つべきです。

Googleでは明らかな変化の目安を「80％の増減」としています。急激に変化する原因には例えば以下が考えられ、該当する場合はいったん自動入札を解除してから問題の解決を図ります。

- 自動入札に与えた目標が適切ではなかった
- 競合や市場環境などの外部要因が急激に変化した
- コンバージョンタグに不備があり、正しく計測できていない

　また、AdWordsの管理画面で「入札戦略レポート」を表示し、異常がないかを確認しておきます〔図表27-1〕。入札戦略のステータスと検討すべきアクションは表の通りです〔図表27-2〕。

「入札戦略レポート」で現在のステータスや成果を確認できる 〔図表27-1〕

入札戦略のステータスと検討するアクション 〔図表27-2〕

入札戦略のステータス		検討するアクション
無効		設定のミスや支払い情報を確認する
有効		特になし。成果を追っていく
学習中	新しい戦略	加えられた変更が意図したものかを確認する。意図したものであれば、引き続きステータスを注視する（むやみに再変更しない）
	予算変更	
	設定変更	
	コンバージョン設定の変更	
	コンバージョンアクションの設定の変更	
	構成要素の変更	
制限あり	入札単価制限	クリック単価の上限・下限をなくす
	データの不足	広告文やキーワードを見直す
	優先度が低い	予算を増やす
	予算制限	予算を増やす
	品質スコアが低い	品質の低いキーワードを削除する

露出やクリックを重視するなら別の入札戦略に

　本書ではAdWordsの自動入札戦略について、次章も含めて「目標コンバージョン単価」を前提に解説しています。最初に定義した「ネット広告運用の成果＝利益（リターン）」に直結しているのが、この戦略だからです。

　一方、これ以外にもいくつかの自動入札戦略が用意されています。主な戦略を以下の表にまとめます〔図表**27-3**〕。

　例えば、検索広告でブランドや商品の露出度を高めることをコンバージョンよりも優先したい場合、「目標優位表示シェア」を選びます。これは指定した予算内で、同じキーワードに出稿している競合の広告の掲載位置を上回るように入札単価を調整する戦略です。

　ほかにも、ディスプレイ広告が視認されることを優先するなら「視認範囲のインプレッション単価」、自社サイトへの流入数を優先するなら「クリック数の最大化」が適切です。重視する成果にあわせて、適切な自動入札戦略を選んでください。（寳）

AdWordsにおける主な自動入札戦略　〔図表**27-3**〕

目標	自動入札戦略	説明
認知・露出	検索ページの目標掲載位置	検索結果の1ページ目や上部への掲載を目指す
	目標優位表示シェア	競合の検索広告を上回る掲載位置を目指す
	視認範囲のインプレッション単価	視認される可能性が高い広告枠への表示回数を増やす
クリック数	クリック数の最大化	予算内で最大のクリック数を目指す
コンバージョン	目標コンバージョン単価	指定したCPAを達成しながらCV数を増やす
	拡張CPC	指定したクリック単価を達成しながらCV数を増やす
	コンバージョン数の最大化	予算内で最大のCV数を目指す
収益	目標広告費用対効果	指定したROAS〈※〉を達成しながらCV数を増やす

> **まとめ**
> 自動入札が「暴れている」ような挙動を見せたら、正しい使い方ができていないと考えるべきです。関係者全員が正しく理解したうえで、機械学習と向き合っていきましょう。

※　ROAS
「Return On Advertising Spend」の略で「広告費用対効果」のこと。売上額÷広告費×100で求める。ROIが利益に基づく指標であるのに対し、ROASは売り上げに対する広告費の回収率を判断する。

Chapter 3

ディスプレイ広告

クリエイティブが8割、設定が2割

28 「GDN」の成果を決める3つの変数

ターゲティング、クリエイティブ、単価を常に意識する

> AdWordsのディスプレイ広告は、多様なWebサイトやGoogleのサービスで構成される「GDN」を配信対象とする広告です。その成果を大きく左右する要素について、最初に理解しましょう。

配信対象は膨大だが、ターゲティングなどの難易度は高い

本書で扱う「ディスプレイ広告」は、正確には「Googleディスプレイネットワーク」、通称「GDN」に掲載する広告のことを指します。GDNとは、Googleが提携している何百万ものWebサイト、ニュースメディア、ブログ、アプリ、さらにはYouTubeやGmailの広告枠で構成されるネットワークです。

検索した人に広告を表示する検索広告に対し、ディスプレイ広告はサイトなどを閲覧しているユーザーが配信対象となるため、非常に多くの人にアプローチできる特徴があります。一方、ただサイトを見ているだけの人に広告への興味を持ってもらう必要があるため、ターゲティングやクリエイティブには多くの工夫が必要です。

画像や動画を使ってて派手だけど、実は難しいのがディスプレイ広告だよ

施策のプランニングで何を考慮すべきか？

ディスプレイ広告に取り組むにあたっては、以下の3つの変数に注目します。これらが成果に大きく影響するため、施策のプランニングで常に意識するようにしてください。

ターゲティング

広告を「誰に配信するか」「どの面に配信するか」を決めることです。ディスプレイ広告におけるターゲティングの種類は非常に豊富で、デモグラフィック(※)や配信エリアだけでなく、ユーザーの興味・関心、配信したいサイトのカテゴリなどを指定できます。

クリエイティブ

文章や画像、デザイン、さらには動画で「何を伝えるか」を決めることです。ディスプレイ広告では豊富なターゲティングの機能を工夫することに注力しがちですが、成果にもっとも影響を与えるのはクリエイティブだと筆者は考えています。

入札単価

ターゲティング×クリエイティブに対して「どれくらいのお金を支払って配信するか」を決めることです。単価を上げれば配信量を増やせますが、1クリックや1コンバージョンあたりの費用も高くなってしまいます。手動で調整する方法、自動で調整する方法の2種類があり、検索広告での傾向と同じく、後者の「自動入札」が優秀です。(辻井)

まとめ

ディスプレイ広告では「クリエイティブが成果の8割を決める」といっても過言ではありません。各種設定も重要ですが、最優先はクリエイティブだと覚えておいてください。

※ デモグラフィック
ターゲットとなる人の年齢・性別、居住地、職業など、人口統計学的属性のこと。

29 喉から手が出るほど欲しいのは誰？

商品を購入しそうな人を2つの視点でイメージする

> ディスプレイ広告の施策をプランニングするうえで最初に取り組むべきことは、ターゲットの明確化です。デモグラフィックと心理状況をまとめたターゲットシートの形で言語化しましょう。

デモグラフィックと心理状況を思い浮かべる

　前節で、ディスプレイ広告で意識すべき要素としてターゲティング（ターゲットの明確化）を挙げました。自社の商品・サービスの顧客となりうるユーザーの姿がぼんやりとしているなら、それを明確にすることが最初に取り組むべき施策です。

　ターゲットを明確にする意義は2つあります。

- そのままターゲティングの設定に生かす
- ターゲットに刺さるクリエイティブを作成する

　そのためにはデモグラフィックだけでなく、ユーザーの「悩み」や「欲求」といった心理状況を想像することが大切です。ターゲットとする人が何を考え、どのような行動をしているか、脳内で視覚的にイメージできるレベルまでリサーチしましょう。

　次ページの表は筆者がよく使うターゲットシートです〔図表29-1〕。自社商品を「青汁」と仮定した記入例を示しています。

ターゲットシートの例 〔図表**29-1**〕

ターゲットA

イメージ

デモグラフィック	年齢	55歳
	性別	女性
	所得	世帯年収800万円 貯蓄500万円
	家族構成	夫と2人暮らし
	職業	専業主婦
	学歴	高校卒
	居住地	東京
心理状況	価値観	健康、家族
	思い込み・固定概念	健康には野菜が必要
	悩み	夫の食生活が偏っている／自分も野菜が不足している
	喜怒哀楽	サプリを買うと夫が「高い買い物だ」と文句をいうのでイライラ
	願望・欲求	「夫のため」と言いながら、自分のために青汁やサプリで野菜不足を解消したい

	ターゲットB	ターゲットC
年齢	34歳	65歳
性別	女性	男性
所得	世帯年収900万円	年金のみ 貯蓄2,000万円
家族構成	夫・子ども1人（3歳）	妻と2人暮らし
職業	大手企業勤務、育休から復帰	無職
学歴	大学卒	大学卒（MARCH以上）
居住地	東京	地方
価値観	家族、仕事	健康（定年後もジム通いを続けている）
思い込み・固定概念	子どもは野菜を食べないといけない 青汁はまずいから子どもは飲まない	自分は健康だと思っている 食生活も大事だが、運動のほうが大事
悩み	子どもが野菜を食べない 仕事が忙しく毎日手料理は作れない	年々体力が落ちてきている
喜怒哀楽	夫が子育てを手伝ってくれない 子どもがジュースばかり飲んでいる	若者には負けたくない
願望・欲求	添加物はできるだけ避けて、子どもに簡単に栄養価の高い食事をさせたい	長生きしたい できるだけ健康的な生活を続けたい

まずは仮説を立て、データで検証していく

 ターゲットシートの作成を始める前に、まず自社サイトやパンフレットをあらためて熟読してください。そのうえで、商品を「喉から手が出るほど欲しい！」と思ってくれそうな人をイメージし、ターゲットシートに書き込みます。これがターゲットの仮説になります。

 次に、商品の実際の販売データ、レビューやクチコミを参照し、仮説を検証します。販売データはデモグラフィック、レビューやクチコミは心理状況と見比べます。ターゲットに近い人が友達や知り合いにいるなら、ヒアリングしてみるのもいいでしょう。

 新商品の場合は実際のデータが得られないので、ターゲットがよく読んでいそうな雑誌やニュースメディア、Q&Aサイト、SNSなどをチェックし、仮説との齟齬がないかを確認しておきます。

 前述のターゲットシートでは「ターゲットA」をメインに挙げていますが、「B」「C」のように第2・第3のターゲットまで考えておくと、コンバージョンが頭打ちになってきたときに配信対象を広げやすくなるメリットがあります。

「絞り込みすぎ」には要注意

 ターゲットを明確にするときにやりがちな失敗として、絞り込みすぎてしまうことがあります。例えば「40代独身女性／年収1,000万円以上／東京在住／健康食品に月10万円以上を使っており、既存の青汁をほとんど試したが不満があり、新商品を探している」といった人には確かに売れそうですが、該当する人はわずかです。

 クリエイティブの作成時には、ターゲットを絞り込んだほうが発想しやすいこともありますが、ターゲティングの設定時には、売り上げを最大化する視点を忘れないようにしましょう。(辻井)

まとめ

ターゲットを明確にすることは、ターゲティングの設定そのものだけでなく、クリエイティブの質も左右します。もっとも時間をかけて取り組むようにしましょう。

30
特徴ではなく未来を訴求しよう

商品を手にすることで得られる未来＝ベネフィットが刺さる

> ユーザーが広告を目にした瞬間、思わずクリックしてしまうようなクリエイティブを作るには、ベネフィットの訴求が有効です。最初に考えたターゲットごとに、さまざまなベネフィットを書き出していきます。

キャッチコピーではベネフィットを打ち出す

ディスプレイ広告において、ターゲットの次に考えるべきなのが「ベネフィット」です。ベネフィット (benefit) は便益・恩恵といった意味ですが、筆者は「ユーザーが商品を手にすることで得られる未来」と定義しています。

ベネフィットが重要となるのは広告のクリエイティブ、中でもキャッチコピー（主要な見出し）を作成するときです。ベネフィットはターゲットによって異なるため、ターゲットごとに考慮します。

ターゲットに対するベネフィットの選定を間違えてしまうと、キャッチコピーがどれだけ名文であっても商品は売れません。ターゲットになりきって考えてみましょう。

ターゲットの明確化とベネフィットの選定は超大事！

10個以上のベネフィットを書き出して絞り込む

例えば、青汁のターゲットシート（103ページを参照）のうち、ターゲットAをイメージしたベネフィットは以下のようになります。

- 野菜料理を減らしても栄養不足にならないので料理をサボれる
- 料理をサボっているのに、私も夫も健康診断の数値が良くなる
- 肌が若返ったせいか、化粧ノリが良くなった気がする
- 「相変わらず若くて綺麗ね」と周りから言われる
- 「最近若返った？」と離れて暮らしている娘に言われる
- 夫から「健康を気遣ってくれてありがとう」と評価される
- 奥様友達との会話のネタができる（自慢できる）
- 野菜嫌いの孫にあげて、娘に感謝される
- 運動せずに体脂肪率が落ち、5年前に買ったジーンズが履ける
- お通じが良くなり、毎朝スッキリ起きられる
- 苦い青汁を飲むことで、甘い飲み物や食べ物が自然と減る
- スーパーで野菜の価格高騰が気にならなくなる
- 青汁がきっかけで健康に気を使うようになり、運動も始める
- 高いサプリメントが不要になる
- 風邪をひきにくくなり、薬代や病院代を削減できる

このように、1つのターゲットに対して10個以上のベネフィットを書き出し、それを3つに絞ってターゲットに近い人にヒアリングし、最終的に1つに決めるのが筆者のやり方です。ターゲットに近い人がいなければ、実際に広告を配信してテストします。

特徴を押し出しただけのコピーにならないように

　ここで注意したいのは、ベネフィットを「商品の特徴」として捉えないことです。青汁なら「1日分の野菜が入っている」「手軽に飲める」というのは商品の特徴であって、ユーザーのベネフィットではありません。「1日分の野菜を手軽に飲めることで、どのような未来が待っているのか？」というユーザー視点での発想が重要です。

　また、「未来の未来」も意識してみましょう。ダイエット関連の商品であれば、ベネフィットは「やせること」とも言えますが、その先の未来に「夏に水着ではしゃいでいる」「フラれた彼氏から連絡がくる」「娘にお母さんキレイと言われる」など、さまざまな未来が想像できます。

　筆者もこれらの視点を忘れてしまい、自己満足のキャッチコピーになっていることがよくあります。本当にユーザーのベネフィットを言い表せているのか、何度も自問するようにしましょう。(辻井)

> **まとめ**
> 自分が商品を買うときやサービスに申し込むとき、「どのような気持ちになっていたか」を振り返るのも1つの方法です。きっと楽しい未来を思い浮かべているはずです。

31
キャッチコピーを量産する「7つの型」

ベネフィットを型に当てはめ、反応率の高い広告を作る

> ディスプレイ広告でいちばん目立つ見出し＝キャッチコピーの作成においては、1つひとつに時間をかけるよりも量産することを重視してください。その前提となる考え方を見ていきましょう。

成果を狙えるキャッチコピーには型がある

　ディスプレイ広告のキャッチコピーでは、ベネフィットを伝えることが基本になります。しかし、何もないところから気の利いたコピーを考えるのは難しいもの。外部パートナーの代理店が作成する場合でも、提案されたコピーの善し悪しをどう判断すればいいのか、迷ってしまうこともあるでしょう。

　そこで、これまでに筆者がディスプレイ広告を運用してきた中で成果を実証してきた、キャッチコピーの「7つの型」を紹介します。詳しくは次節以降で1つずつ解説しますが、一覧にすると以下のようになります。

- リアルイメージ型
- ターゲット絞込型
- 指摘型
- 比較型
- 変化型
- 共感型
- 感情移入型

ランディングページとセットでベネフィットを伝える

　AdWordsのテキスト広告(※)の場合、キャッチコピーに相当する「短い広告見出し」には半角25文字、すべて全角なら12文字までの制限があります。よって、キャッチコピーだけで「ベネフィットをしっかり伝える」ことにこだわる必要はありません。

　その役割はキャッチコピーとは別に広告に記載する説明文と、リンク先となるランディングページに任せて、「広告＋ランディングページ」のセットでベネフィットを訴求することを意識します〔図表31-1〕。広告の役割はクリックさせること、つまり反応率を重視して考えたほうが、全体の成果につながりやすい傾向があります。

　キャッチコピーは型に沿って考えれば意外と簡単に作れますが、肝心のベネフィットがターゲットとズレていると、反応率の高い広告にはなりません。ターゲットの明確化とベネフィットの選定に、より多くの時間をかけるようにしましょう。(辻井)

ベネフィットを訴求する例　〔図表**31-1**〕

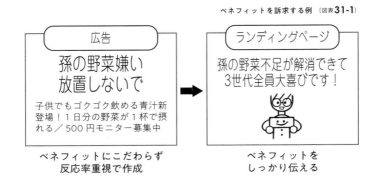

> **まとめ**
> 作成したキャッチコピーは、その日のうちに広告配信に使うのではなく、一晩寝かせてみましょう。翌日以降に吟味すると、より質の高いコピーに仕上がるものです。

※　テキスト広告
正確には、レスポンシブ広告（124ページを参照）のテキスト広告フォーマットのこと。

32

顕在層を着実につかむには「リアルイメージ型」

欲しいと自覚している人に、5W1Hでベネフィットを伝える

> 商品を手にすることで得られる未来＝ベネフィットをリアルに伝える、オーソドックスな型です。ターゲットを行動する気持ちにさせられれば、安定したコンバージョンが期待できます。

商品を手に入れた状態をイメージさせて行動を促す

　前節で挙げたキャッチコピーの型の1つ「リアルイメージ型」は、「この商品が欲しい・気になる」と自覚している人、つまりニーズが顕在化しているターゲットに適しています。

　顕在層のユーザーに向け、商品を手に入れたあとのイメージをリアルに表現した広告を配信することで、「いま行動しよう」と思わせます。5W1H（いつ、どこで、誰が、何を、なぜ、どのように）を意識し、具体的な数字を入れるのがポイントです。

金額や数量を入れるとよりリアルに

　例えば、1か月分3,000円の青汁を販売しており、1日1回飲むことで野菜100g分の栄養素を摂取できるとしましょう。

　これをそのまま「1か月3,000円」と打ち出すと高いように感じますが、「1日100円」なら手が届きそうだと思いませんか？ これは日々の消費、例えば1杯100円のコンビニコーヒーに置き換えて考えられるからです。コピーの例は次ページの図に示します〔図表**32-1**〕。

また、「自宅で明日から」といったWhereとWhenの組み合わせ、「100g」といったWhatを具体的な量で提示することも、リアルにイメージさせるために有効なテクニックです。

こうしたリアルイメージ型のコピーはターゲットが絞られるものの、着実にコンバージョンを増やしていける安定した型です。ネット広告に限らず、テレビCMや雑誌広告、交通広告などでも使われているので、注目してみてください。（辻井）

リアルイメージ型のコピーの例 〔図表32-1〕

リアルイメージ型の有名コピー

本格コーヒー、紅茶、お茶がこの一台で！（UCC上島珈琲/Perica）
最高の睡眠は一日たった56円（テンピュール/Zero-G）

> **まとめ**
> ユーザーがワクワクするような、ちょっと先の未来を表現することを意識しましょう。具体的な数字を入れると高い効果が期待できます。

33

潜在層の狙い撃ちには「ターゲット絞込型」

ニーズに気づいていない人に「自分ゴト化」させる

> 年齢・性別などの表現を盛り込み、対象を限定することで「自分のことだ」と気づいてもらうための型です。ターゲットが明確化されていれば、ほかの型よりも簡単にキャッチコピーを作れます。

デモグラフィックデータから対象を絞り込む

ターゲットの中には、ニーズがまだ顕在化していない人(潜在層)もいます。こうした潜在層のユーザーは、まだ商品を知らないか、商品から得られるベネフィットを理解していません。

潜在層からのアクションを得るには、広告を通じて「これは自分のことだ」と思ってもらう必要があります。そのための型が「ターゲット絞込型」です。

ターゲット絞込型では「50歳以上」などのデモグラフィックで潜在層を絞り込み、そこに響くキャッチコピーで訴求します。万能で便利な型ですが、広すぎず、狭めすぎない絞り込みが重要です。例えば「30代以上」では広すぎるでしょう。

課題や関心事との組み合わせも有効

ターゲット絞込型のコピーの例を次ページの図に挙げました〔図表33-1〕。「野菜不足を実感する方」だけであれば、世の中の多くの人が当てはまってしまい「自分のことだ」と思ってもらえる確率が下がり

ます。これに「50代で」を付け加えることで、広すぎず、狭すぎない絞り込みが可能です。

絞り込みの表現としては、「○○限定」や「○○以外の方」といった言い回しも効果があります。また、年齢・性別だけでなく、職業や所得、家族構成、ライフスタイルなどのデモグラフィックにも目を向けてみましょう。(辻井)

ターゲット絞込型のコピーの例 〔図表**33-1**〕

ターゲット絞込型の有名コピー

74歳、みなぎってます。(協和発酵バイオ/オルニチン)
野菜不足が気になるあなたに!(ファンケル/ファンケル青汁)

> **まとめ**
> ターゲット絞込型のコピーは、ターゲットが明確化できていれば簡単に作れますが、それだけだと反応率を上げられません。ほかの型と組み合わせて使うことをおすすめします。

34
即アクションの劇薬を求めるなら「指摘型」

ターゲットが気にしているコンプレックスや課題を突く

> うまくいけば絶大な効果がある一方で、ネガティブな反応を引き出すおそれもある劇薬に近い型です。自社商品が解決できるユーザーのコンプレックスや課題を、不快に思われない範囲で指摘しましょう。

コピーの力で一気にコンバージョンまで引き上げる

　「指摘型」のキャッチコピーは、潜在層のユーザーにいきなりアクションを起こさせる強力な広告になりえます。

　以前、筆者が指摘型のコピーを使ったとき、ほかの型のコピーに比べて、コンバージョン率をほぼ維持しながらクリック率が約10倍に跳ね上がったことがあります。もちろん、コンバージョン数にも有意な差がありました。そのくらい強力な型です。

　指摘型のコピーでは、ユーザーが持っているコンプレックスや課題を「ハッとさせる」フレーズで言い当てます。指摘する内容も重要ですが、表現方法やフレーズで成果が大きく変わるため、何度もテストを重ねる必要があるでしょう。また、ユーザーに不快な印象を持たれる可能性がある点にも注意が必要です。

嫌な奴になりきって指摘するのがポイント

　誰にでも「解決したいけどできていない課題」があります。食生活だったりダイエットだったり、恋愛、仕事、家庭などさまざまだと

思いますが、そうした課題の中から、自社の商品やサービスが解決できるものを探します。

そして、嫌な奴になりきって「ちょっと上から目線」で指摘してあげるのがポイントです。筆者の経験では「〇〇しますか」「〇〇ですよ」といったフレーズが特に反応率が高い傾向にあり、その具体例が以下の図にあるコピーになります〔図表34-1〕。（辻井）

指摘型のコピーの例 〔図表34-1〕

指摘型の有名コピー

一生剃り続けるの？（TBCグループ/両ヒザ下脱毛）
いつまで独身なん？ あんた婚活は？（オーネット/楽天オーネット）

> **まとめ**
> ただ指摘するだけでは嫌な奴で終わってしまうので、自社の商品を活用した解決策を、キャッチコピー以外の説明文やランディングページで必ず提示してあげましょう。

35 類似商品との差が刺さるなら「比較型」

自社商品と比べたときの差でベネフィットを想像させる

> 自社商品を何かと比較し、その差を表現することで商品を理解してもらい、行動させるための型です。比較対象は商品の魅力を伝える基準にもなるので、ターゲットにとって馴染みのあるものを選びましょう。

競合の商品である必要はない

自社商品をほかの何かと比較し、それを説明するのが「比較型」のキャッチコピーです。

同一カテゴリの類似商品と比較するのが基本的な考え方ですが、必ずしも、競合の商品である必要はありません。さらに言えば、比較対象が商品である必要もありません。得られる効果が類似する、別のカテゴリの何かと比較したほうが効果的な場合もあります。例えば、ダイエットサプリを「毎日の激しい運動」と比較する、といった具合です。

比較対象がメジャーであるほど効果的

比較対象となる何かは、有名なものであればあるほどユーザーはイメージしやすくなります。得られる効果、使ったときの感覚、価格など、自社商品の強みになる要素を「比較対象との差」として訴求すると、強力なコピーになるはずです。

例えば、野菜ジュースを飲んだことがある、もしくは飲んでいる

人は多いと思いますが、それと自社商品（青汁）を比較して表現すると、野菜ジュースという基準から想像でき、自社商品の理解が早くなります〔図表35-1〕。ターゲットによっては、スムージーのようにトレンド感のある比較対象を選んだほうが、より刺さるコピーになるでしょう。（辻井）

比較型のコピーの例　〔図表35-1〕

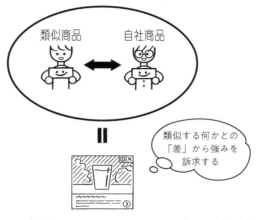

野菜ジュースより栄養豊富　　スムージー級の飲みやすさ

比較型の有名コピー

エステ級コスメ（アイム/ライスフォース）
クリーニング級の消臭パワー（P&G/ファブリーズ）

> **まとめ**
> 比較型のコピーでは、とにかく比較対象の選定が重要です。類似商品だけでなく、得られる効果が似ている行為や状況も考え、最低でも5つぐらいは候補を挙げてみましょう。

36 ビフォーアフターを打ち出せるなら「変化型」

過去と未来の差を具体的にイメージさせれば勝ち

> ほかの何かと比較するのではなく、自社商品を使う前と後を比較してベネフィットをイメージさせる型です。広告では定番の手法ですが、商品によっては表現に気をつける必要があります。

「将来どうなっているか?」を言葉にする

「変化型」は、自社商品を使ったユーザーの過去と未来の差を説明する型になります。いわゆる「ビフォーアフター」や「使用前・使用後」を伝えるキャッチコピーです。

いかにして未来を具体的にイメージさせるかが鍵で、それに成功すれば強力なコピーになります。具体的な数字を入れて差をわかりやすくできると、さらに効果的です。

数字の変化を提示できなくても、「ポッコリ」「スッキリ」といった擬音をうまく使うと、ユーザーに変化を想像させられるコピーになります〔図表36-1〕。また、物理的な変化だけではなく、「○○が楽しみになる」といった心理的な変化も有効です。

医薬品や化粧品では薬機法に配慮する

注意点として、扱う商品が医薬品、医薬部外品（薬用化粧品）、化粧品、医療機器に該当する場合、薬機法(※)を遵守したうえでの広告表現が必須になります。

※ 薬機法
正確には「医薬品、医療機器等の品質、有効性及び安全性の確保等に関する法律」。第六十六条「誇大広告等」などに関連する規定がある。

薬機法では「何人も、医薬品、医薬部外品、化粧品又は医療機器の名称、製造方法、効能、効果又は性能に関して、明示的であると暗示的であるとを問わず、虚偽又は誇大な記事を広告し、記述し、又は流布してはならない」と定めており、これに抵触した場合、広告主や広告運用者が責任を問われることになります。

例えば、効果・効能が確実に得られる保証をするようなビフォーアフターの表現は、誇大広告の扱いになり認められません。心配な場合は薬機法に詳しいコンサルタントなどに、広告表現のチェックを依頼するようにします。（辻井）

変化型のコピーの例　〔図表 **36-1**〕

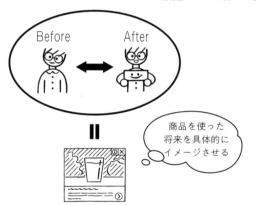

毎朝ポッコリから
毎朝スッキリに

3か月後の
健康診断が楽しみ

変化型の有名コピー

たった2ヶ月で、このカラダ。（ライザップ）
なんで、私が東大に。（四谷学院）

> **まとめ**
> 自社商品の使用前・使用後をイメージさせるのが変化型のコピーです。ユーザーの感情や体質、スキルなどがどう変化するのか、あらゆる角度から考えてみましょう。

3 ディスプレイ広告

37
宣伝を嫌うユーザーを取り込むには「共感型」

広告っぽさを抑えて、ほかの型では反応しない層を狙う

> 企業による商品やサービスの宣伝を嫌うユーザーでも、つい気になってしまう広告を作るための型です。自社商品の体験談やクチコミを調査し、その見出しになるような文章をキャッチコピーにします。

クチコミを読み込んでそのままコピーに

「商品を宣伝する意図が強い」と感じた瞬間に記事を読み飛ばす人や、そもそも広告が嫌いな人も、世の中にはある程度の規模で存在します。そうしたユーザーにも反応してもらうために使うのが「共感型」のキャッチコピーです。

ポイントは、ユーザー目線での体験談や共感されそうな悩みを、そのままコピーにしてしまうこと。商品のクチコミを徹底的に調べて、それを扱った記事のタイトルのように見せることで広告っぽさを抑え、ほかの型では反応しない層を振り向かせます。

うわべだけの感想にならないように

ユーザーの体験談風のコピーは、「ほんとに」「すごい」「まさか」といった主観的な表現を多く使うと、簡単にそれっぽく見えます［図表37-1］。ただ、それだけだと、うわべだけの表現になってしまいがちです。

クチコミを読んでユーザーの気持ちになったうえで、自分で実際

に商品を試してみて、使った瞬間の気持ちや、使って数日・数か月たったあとの感想をコピーとして表現しましょう。そこまでやることで、共感を得られやすいコピーになるはずです。(辻井)

共感型のコピーの例 〔図表**37-1**〕

共感型の有名コピー

このコーヒー、おいしすぎ！（ブルックス）
もうこれしか使えないかも（ファンケル/クレンジングオイル）

> **まとめ**
> 共感型のコピーは、レスポンシブ広告のネイティブ広告フォーマットと相性が良いです。ユーザーの体験談やクチコミが書かれた記事の見出しのような表現が可能です。

38
心の声を代弁できるなら「感情移入型」
欲望や欲求をそのまま表現して強く引き込む

> 共感型とは別のアプローチで、宣伝を好まないユーザーに反応してもらうための型です。ユーザーの視点に立ち、商品を使う前の意気込みをそのまま、勢いのあるキャッチコピーに仕上げてみましょう。

とにかく感情を込めて表現する

キャッチコピーの型の最後に紹介する「感情移入型」は、共感型と同じく広告を好まない層に向いています。ユーザーの声をそのままコピーにするという点でも、共感型と似ています。

前節で紹介した共感型では「商品を使った後」の喜びの感想をコピーにしましたが、感情移入型では「商品を使う前」の欲望や欲求、意気込みをそのままコピーにします。心の声、さらには心の叫びのようなコピーになるため、同様の感情を持ったユーザーを強く引き込む効果が期待できます。

しかし、ネガティブな表現、例えば「○○したくない」といったフレーズは、指摘型と同様に不快な印象を与える可能性があるため注意が必要です。

ネガティブな表現は注意すべきだが効果的

特に強力なのが、次ページの図に挙げた「あと5kgやせてやるー」といった数字＋意気込みによる表現です〔図表38-1〕。ビフォーアフ

ターの形式をとる変化型のコピーでは、効果・効能の保証と受け取られるため具体的な数字を出せないことがありますが、意気込みを表しただけの感情移入型のコピーであれば伝えられます。

　もう1つの例と有名コピーはネガティブな表現ではありますが、不快と感じるほどではなく、むしろ心に刺さります。商品やサービスによっては、ネガティブな表現のほうが反応を得やすいこともあると覚えておきましょう。（辻井）

感情移入型のコピーの例　〔図表**38-1**〕

感情移入型の有名コピー

ちくしょう。転職だ！（Green）
体が重い。もう何もしたくない。（健康家族/にんにく卵黄）

> **まとめ**
> ターゲットを明確化するときに考えた、ユーザーの心理状況を思い出してみてください。心の声や叫びが自然と浮かんでくるかもしれません。

39 レスポンシブ広告の経験は早いほどいい

バナー広告のサイズ網羅は無価値になりつつある

> 近年のWebサイトはユーザーのデバイスによってデザインが変化しますが、それと同じく、広告枠の変化に対応するのが「レスポンシブ広告」です。デザインの工数は抑えつつ、高い成果が狙えます。

画像＋テキストで複数のサイズに展開

　AdWordsのディスプレイ広告では、キャンペーンに新しい広告を追加するときに「画像をアップロード(※)する」か「レスポンシブ広告を作成する」かを選択できます。前者の画像はいわゆるバナー広告の形式であり、ディスプレイ広告と聞いて多くの人が思い浮かべるフォーマットです。

　一方のレスポンシブ広告は、2016年にリリースされた新しいフォーマットです。PCやスマートフォン、タブレットなど、複数の画面サイズに対応したWebデザインを「レスポンシブデザイン」と呼びますが、それと同じく、あらかじめ登録した画像とテキストを複数の広告枠のサイズにあわせて表示します〔図表39-1〕。

　レスポンシブ広告の作成画面では、アセットとして「画像」や「短い広告見出し」などを登録していき、その場でPCとモバイルでのプレビューを確認できます〔図表39-2〕。アセットの一覧は表の通りで、どのサイズで表示されてもいいように、ロゴを除くすべてを登録する必要があります〔図表39-3〕。

※　画像をアップロード
GIF（アニメーションにも対応）、JPG、PNG形式の画像ファイルに対応している。

〔図表 39-1〕

〔図表 39-2〕

レスポンシブ広告のアセットと形式 〔図表 39-3〕

アセット	形式
画像	横長：比率1.91:1、600 × 314 以上（推奨1,200 × 628） スクエア：比率1:1、300 × 300 以上（推奨1,200 × 1,200）
ロゴ	横長：比率4:1、512 × 128 以上（推奨1,200 × 300） スクエア：比率1:1、128 × 128 以上（推奨1,200 × 1,200）
短い広告見出し	半角25文字（全角12文字）以内
長い広告見出し	半角90文字（全角45文字）以内
説明	半角90文字（全角45文字）以内
会社名	半角25文字（全角12文字）以内
最終ページURL	字数制限なし

従来のバナー広告以上の成果は十分に狙える

　レスポンシブ広告の最大の魅力は、画像を使いつつ複数のサイズに自動展開できることにあります。バナー広告と同様に視覚的なアピールができる一方で、広告枠のサイズにあわせた複数のサイズの画像を用意する必要がありません。広告運用者やデザイナーの工数を削減しながら成果の改善が狙えるわけです。

　画像は自社で作成したものをアップロードできるほか、Googleが用意しているストック画像も利用できます。イメージに近い画像があるURLを指定すると、それに似たストック画像を検索できます。自社オリジナルの画像でなければいけない、ということはなく、あくまで画像とキャッチコピーの組み合わせしだい。筆者の経験上、バナー広告以上の成果は十分に狙えます。

画像選定やキャッチコピーがますます重要に

　レスポンシブ広告が登場する前は、数多くの広告枠のサイズに対応したバナー広告の画像を用意することで、他社に差をつけることができました。クリエイティブの善し悪しとは別に、デザイナーが手間を惜しまず全サイズの画像を用意しさえすれば、オークションで優位に立つことができたわけです。

　しかし、レスポンシブ広告によって画像のリサイズに価値はなくなり、画像の選定とキャッチコピー、それらの組み合わせの相性によって成果が左右される傾向が強くなっています。

　運用者もデザイナーも、画像やキャッチコピーだけでなく、ターゲットの明確化やベネフィットの選定といった戦略的な部分を考えられる人材が活躍できる時代になっていくでしょう。(辻井)

> **まとめ**
> Googleのストック画像を無料で使えるため、むしろバナー広告よりも視覚的な広告を作りやすいと言えます。すでに実績のある画像があれば、もちろん試してみましょう。

40 クリエイティブのテストはほどほどに

納得感はあるが、機械学習に任せたほうが早く成果が出る

「広告Aと広告Bのどちらのクリエイティブを採用するか?」といったテストは一見重要に思えますが、実はそうとも言い切れません。運用の初期段階など、特定のケースでのみ実施するのが賢明です。

正確なテストには同一期間での比較が必要

ターゲットの明確化やベネフィットの選定が完璧でも、画像やキャッチコピーなどのクリエイティブによってディスプレイ広告の成果は大きく変わります。そこで出てくるのが「複数あるクリエイティブのどれが優れているのか?」という疑問です。

こうしたクリエイティブのテストで、広告運用者が考えるべき視点は3つあります。

- 出稿時期
- サイズ
- インプレッション数

テストテストってみんなよく言うけど、けっこう大変だよね?

同一期間での同時出稿が望ましい

まず出稿時期ですが、広告の成果はクリエイティブそのものではなく、時期的な要因によっても変わります。

複数のクリエイティブを1つずつ出稿して試していくテストも、完全に無意味なわけではありません。しかし、それでは時期的な要因による差異を埋められないため、なるべく同一の期間に複数のクリエイティブを同時に出稿し、テストするべきです。

サイズによってクリック率などの傾向が分かれる

次にサイズですが、AdWordsのディスプレイ広告には10を超える種類があります。配信される広告枠の傾向はサイズによって変わるため、異なるサイズ同士でクリック率やコンバージョン率を比較しても、あまり意味がありません。

例えば、モバイル向けの横長サイズである「320×50」は、サイトのトップページのヘッダー部分や、アプリの画面下部に表示される傾向があります。一等地となるためクリック率は高いのですが、コンバージョン率は低くなりがちです。

一方、「300×250」のレクタングルは、モバイルの場合、記事ページの末尾に設置されることが多いサイズです。クリック率は低いのですが、情報を最後まで読んでくれたユーザーによるクリックが多いため、コンバージョン率が高くなる傾向があります。

インプレッション数を均等にするのは現実的ではない

最後にインプレッション数ですが、同一サイズのクリエイティブを比較するとき、母数となるインプレッション数が同程度だと、優劣の判断がしやすくなります。AdWordsでは、キャンペーンの設定にある「広告のローテーション」で、広告を均一に表示する設定を選択できます〔図表**40-1**〕。

ただ、この設定を選択しても、インプレッション数はほとんどの場合、完全に同一にはなりません。オークションに参加する機会が均等になるだけで、表示されるかは広告の品質に左右されます。

〔図表40-1〕

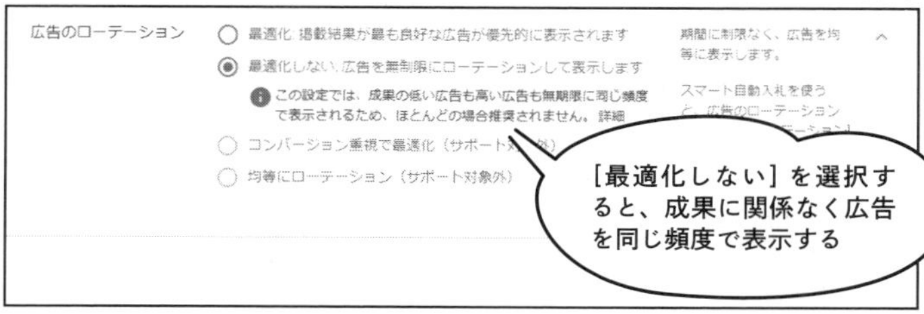

> [最適化しない]を選択すると、成果に関係なく広告を同じ頻度で表示する

テストをせずに「任せる」という判断も重要

　クリエイティブのテストには、運用者からマネージャー、あるいは代理店からクライアントへの報告時に、根拠となるデータを用意する目的があると思います。「2つのクリエイティブをテストした結果、AのほうがCTR/CVRともに高かったため、Bを停止しました」と言われると、確かに納得感があります。

　しかし、正確なテストを実施するためにかかる工数は、前述のように無視できないものがあります。加えて「正確なテストのために集めたインプレッションは、本来の成果以上に価値のあるインプレッションなのか？」という視点も考慮すべきでしょう。

　広告のローテーションの標準設定である「最適化」は、機械学習によってクリエイティブの表示機会を自動的に割り振ります。筆者の経験では、この設定を生かしたほうが成果の高いクリエイティブに早くたどり着けます。いわば「実戦投入こそが最良のテストである」ということです。

　運用の初期段階では、テストを実施したほうが信頼を得られやすいかもしれません。ただ、ほどほどで切り上げて、最適化の設定に基づく成果を追求していくのが正しい進め方と言えそうです。(辻井)

> **まとめ**
> 「Googleに任せたら上手くいきました」という説明では、無責任な印象に聞こえるかもしれません。テストの実施と最適化を、ケースバイケースで使い分けましょう。

41 バナーの出来不出来は発注で決まる

デザイナーに過去の実績を伝えて正誤のものさしにする

> 1枚の画像として制作するバナー広告も、クリエイティブとして引き続き使う機会があるでしょう。デザイナーに発注するときには、3つの点を盛り込んだ制作依頼シートを用意することをおすすめします。

自由度の高さではバナー広告が依然として優秀

　レスポンシブ広告の登場により、GDNにおける豊富な広告枠のサイズをすべてカバーすることが可能になりました（124ページを参照）。しかし、レスポンシブ広告の画像とテキストの配置パターンは決まっており、バナー広告ほどの自由度はありません。

　より自由かつ詳細なクリエイティブで商品を訴求したい場合、社内や外部のデザイナーにバナーの制作を依頼することになります。このときに起こりがちなトラブルが、「あれ、イメージしていたのと違う……」という発注と成果物の齟齬です。

　筆者はバナーの発注時、次ページの表のようなクリエイティブ制作依頼シートを作成してイメージ通りのデザインが仕上がるようにしています〔図表**41-1**〕。ポイントは以下の3点を盛り込むことです。

- 過去の実績
- キャッチコピー
- 画像イメージ

クリエイティブ制作依頼シートの例　〔図表 41-1〕

ステータス	キャッチコピー	画像イメージ	実績 (CTR)	実績 (CVR)	実績 (CPA)
新規依頼	孫の野菜嫌い 放置しないで				
配信中	青汁モニター 募集中		△	○	○
配信中	50代で野菜不足を 実感する方へ		△	△	×

デザイナーならではの提案がもらえるように

　すでに配信中のバナーがある場合、その実績をデザイナーにも伝えます。「○」「△」「×」の3段階で十分です。

　実績をシンプルに共有することで、広告運用者とデザイナーの間に「このバナーは良い」「このバナーは悪い」という正誤のものさしができます。これには見当違いのデザインが上がってくることを防ぐとともに、運用者には想像がつかなかった、デザイナーならではの成果を高める提案が期待できます。

　キャッチコピーについては、文章だけでなく意図もデザイナーと共有するのがベストです。例えば「新しいターゲットの開拓を狙ったコピーです」などと伝えれば、より納得感が生まれます。

　画像イメージは、バナーに使用する画像の要望をまとめます。「今回はCTRを上げたいので、目に留まることを重視して選んでほしい」などと伝えれば、デザイナーは意図を汲み取って制作を進めてくれるはずです。明確なイメージがあるのなら、Googleの画像検索などで見つけた画像を共有してもいいでしょう。(辻井)

> **まとめ**
> マーケティングへの理解が深いデザイナーは、過去の実績を伝えるだけで良い仕上がりが期待できます。あまり細かく指定しすぎないことも気持ちよく仕事をするコツです。

42
新規ユーザーターゲティングは小さく始める

「人」と「配信面」でターゲティングの条件を理解する

> ディスプレイ広告におけるターゲティング設定について見ていきます。「自社以外のサイトやブログを閲覧しているユーザー」という巨大なボリュームを対象にできるため、注意深く設定しましょう。

膨大なユーザーを狙えるが難度は高い

ディスプレイ広告のターゲティングには、もっとも大きな分類として「リターゲティング」と「新規ユーザーターゲティング」の2つの手法があります〔図表**42-1**〕。

リターゲティングは自社サイトを訪問したことのあるユーザーを対象にする、主に「人」を条件としたターゲティングです。ボリュームに限界がある一方で、失敗しにくく高いコンバージョン率を期待できるため、定番の手法として知られます。

新規ユーザーターゲティングは、自社サイトを訪問したことがないユーザーを対象にします。絞り込みには「人」が持つ興味・関心などに加え、「配信面」を条件として使います。

非常に多くのユーザーを対象にできるため、新規ユーザーターゲティングが成功したときのインパクトは凄まじいものがあります。しかし、「人」と「配信面」をどう組み合わせるかはもちろん、クリエイティブやランディングページも重要になるため、攻略の難度はリターゲティングよりも高くなります。

リターゲティングと新規ユーザーターゲティグの概念図 〔図表**42-1**〕

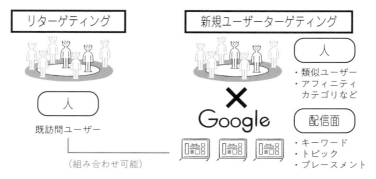

ターゲットに従って条件を選び、設定を作成する

　以降の複数の節では、新規ユーザーターゲティングを中心に掘り下げていきます（リターゲティングについては146ページ以降で解説）。

　まず、新規ユーザーターゲティングでよく使う「人」と「配信面」の条件は、以下の表のようになります〔図表**42-2**〕。最初に明確化したターゲットを狙うには、どの条件が適当かを考えてください。AdWordsの管理画面でターゲティングの設定を作成する方法は、次ページ以降の実施手順で解説します。

「人」と「配信面」の条件 〔図表**42-2**〕

条件	ターゲティングの名称	ターゲティングの内容
人	類似ユーザー	自社サイトの訪問者や商品の購入者と類似する（興味・関心や特性が似ている）ユーザーにターゲティングできる。［オーディエンス］→［リマーケティング］から設定。
	アフィニティ（※1）カテゴリ	あらかじめ用意されたカテゴリ（興味・関心など）から選択してターゲティングできる。［オーディエンス］→［アフィニティ］から設定。
	カスタムアフィニティ	URLやキーワードを指定し、独自のアフィニティカテゴリを作成してターゲティングできる。［オーディエンス］→［アフィニティ］から設定。
	購買意向の強いユーザー層	あらかじめ用意されたカテゴリ（商品やサービスなど）から選択してターゲティングできる。［オーディエンス］→［インテント］から設定。
	カスタムインテント（※2）オーディエンス	URLやキーワードを指定し、独自のインテントを作成してターゲティングできる。［オーディエンス］→［インテント］から設定。
配信面	キーワード ※コンテンツターゲティングのみ	キーワードを独自に指定し、関連するWebサイトなどに広告を表示できる。設定方法は137ページを参照。
	トピック	あらかじめ用意されたトピック（「コンピュータ、電化製品」「フード、ドリンク」などのテーマ）を指定してターゲティングできる。
	プレースメント	WebサイトのURLを指定して広告を表示できる。「YouTubeチャンネル」「YouTube動画」「アプリ」も指定可能。

※1　アフィニティ
「相性・親近感」が本来の意味。AdWordsでは「長期的な関心に基づくユーザーのグループ」を指す。

※2　インテント
「意図・目的」が本来の意味。AdWordsでは「商品を積極的に検討しているユーザー」を指す。

〔実施手順〕

① AdWordsの管理画面でディスプレイ広告のキャンペーンまたは広告グループを選択し、［オーディエンス］および［キーワード］［トピック］［プレースメント］のいずれかを表示する。
② ［＋］ボタンから新しい設定を作成する。
③ 条件を選択し、ターゲティングの設定を保存する。アフィニティカテゴリの例は〔図表42-3〕、プレースメントの例は〔図表42-4〕。

〔図表42-3〕

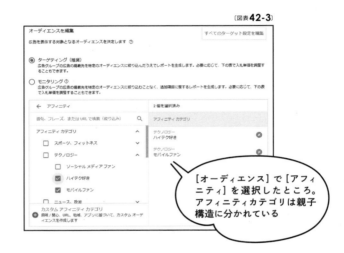

［オーディエンス］で［アフィニティ］を選択したところ。アフィニティカテゴリは親子構造に分かれている

〔図表42-4〕

［プレースメント］で［ウェブサイト］を選択したところ。URL（ドメイン）を入力してWebサイトを指定する

最初から広げすぎるのは絶対に避ける

　「アフィニティカテゴリ」や「トピック」だけを条件とした場合、かなり幅広いターゲティングになるため、よほど広告費に余裕がない限りは使わないほうが賢明です。1日で100万円以上の予算消化も可能なほどで、誤ったターゲティング設定が取り返しのつかないミスにつながってしまうこともあります。

　新規ユーザーターゲティングは、まずは小さく絞った条件から始めて、徐々に広げていくのが基本戦略です。具体的には「キーワード」によるコンテンツターゲティングのみ、もしくは「プレースメント」による配信先サイトを限定した状態から開始し、費用対効果があうことが検証できてから「類似ユーザー」や「カスタムアフィニティ」に広げていく、といった流れが妥当です。「カスタムインテントオーディエンス」も小さく始めるのに適したターゲティングで、筆者のクライアントでも成功事例が続出しています。（辻井）

> まとめ
>
> ほかにも、地域やユーザー属性（年齢・性別など）を条件にしたターゲティングもできるので、ターゲットにあうなら設定してみましょう。ただし、絞り込みすぎにも要注意です。

43
適切な配信面を選ぶ
キーワード発想法

コンテンツターゲティングは連想ゲームで拡大する

> キーワードを条件にしたコンテンツターゲティングは、いきなり配信面を広げすぎないという意味で使いやすい設定です。中でも、競合が出稿していないキーワードに広げられると効果的です。

誰でも思いつくキーワードはディスプレイ広告でも高騰する

　新規ユーザーターゲティングの中でも、「キーワード」を使った条件（133ページを参照）は広告の配信量をコントロールしやすく、費用対効果をあわせやすい設定です。そこで重要になるのが、効果的なキーワードを見つけるための発想法です

　ディスプレイ広告のキーワードによるターゲティング設定には、「オーディエンスターゲティング」と「コンテンツターゲティングのみ」の2種類がありますが、筆者は後者をよく使います。

　「コンテンツターゲティングのみ」の設定で成功するためにもっとも重要なのは、クリエイティブです。2番目に重要なのが指定するキーワードで、検索広告と同様、誰もが思いつきやすい＝出稿している競合が多いキーワードはクリック単価が高くなりやすい、という難点があります。

　そこで、連想ゲームのようにキーワードを広げていき、競合は少ないがコンテンツが多く、ニーズもマッチしていそうなキーワードを見つけることがポイントになります。

> 実施手順

① AdWordsの管理画面でディスプレイ広告のキャンペーンまたは広告グループを選択し、[キーワード]を表示する。
② [＋]ボタンで設定を追加し、[ディスプレイ/動画のキーワード]の入力欄にキーワードを入力する。
③ [コンテンツターゲティングのみ]を選択し、保存する〔図表**43-1**〕。

〔図表**43-1**〕

2つの設定から[コンテンツターゲティングのみ]を選択する

商品が解決できる課題や代替手段まで広げる

キーワードの発想法としては、まず自社の商品やサービスの名称から、関連するキーワードを書き出していきます。続いて、それらのキーワードで検索してヒットしたページ（コンテンツ）を確認し、そこに含まれるキーワードを精査していきます。

青汁を例にすると、競合の商品名や原材料名などが最初に思い浮かぶでしょう。そこから代替商品名やダイエット、便秘、食事改善といった課題、同じ課題を解決できる代替手段、さらには必要な道

具……といった具合に広げていきます〔図表43-2〕。連想が進むと、そのうち商品やサービスが解決できる課題から外れていくので、ある程度のところでストップします。

また、連想したキーワードは、AdWordsのキーワードプランナーで月間平均検索ボリュームと推奨入札単価を調べておきます〔図表43-3〕。「競合は少ないがコンテンツが多い」キーワードかどうかを検証できるはずです。(辻井)

キーワードの発想例 〔図表43-2〕

分類	例（青汁の場合）
商品名	青汁
競合名	「○○青汁」「△△青汁」
原料名	ケール、明日葉、大麦若葉
代替商品名	野菜サプリ、スムージー、酵素ドリンク
悩み・課題 （言い換えなどを含む）	ダイエット、便秘、野菜不足、野菜料理の時短 やせたい、リバウンド、お通じ、お腹が張る、料理を手抜きしたい
代替手段 （必要な道具などを含む）	ウォーキング、エクササイズ、食事改善、ネットスーパー 歩数計、トレーニング器具、サラダボウル、時短レシピ

〔図表43-3〕

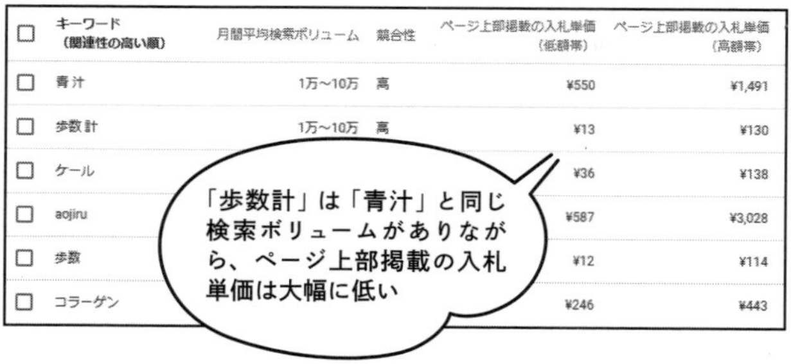

キーワード (関連性の高い順)	月間平均検索ボリューム	競合性	ページ上部掲載の入札単価 (低額帯)	ページ上部掲載の入札単価 (高額帯)
青汁	1万〜10万	高	¥550	¥1,491
歩数計	1万〜10万	高	¥13	¥130
ケール			¥36	¥138
aojiru			¥587	¥3,028
歩数			¥12	¥114
コラーゲン			¥246	¥443

「歩数計」は「青汁」と同じ検索ボリュームがありながら、ページ上部掲載の入札単価は大幅に低い

まとめ
コンテンツターゲティングの設定において、細かく網羅することは重要ではありません。配信先として狙いたいコンテンツを想像しながらキーワードを連想しましょう。

44
プレースメントは理想からの逆算で考える

主要な配信面と現状のパフォーマンスを比較しよう

> 配信先となるサイト（ドメイン）を指定するターゲティング設定がプレースメントです。「このサイトに広告を掲載できたら、目標とする成果を達成できそうだ」という発想で臨みましょう。

広告在庫が豊富なプレースメントは調べればわかる

GDNには広告の配信先となるサイトが何百万という数で存在します。しかし、広告在庫(※1)が多い主要なプレースメントに絞ればそう多くはなく、Google公式のツールで調べられます。

ディスプレイ広告のコンバージョンを増やすために、一般的な「積み上げ型」で改善を続けることは重要です。一方で、主要なプレースメントの豊富な在庫をいかにして利用するかという「逆算型」のアプローチも有効です〔図表44-1〕。実施手順を次ページで示します。

改善のアプローチの例 〔図表44-1〕

積み上げ型
PDCAを回して積み上げる

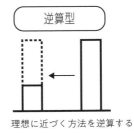
逆算型
理想に近づく方法を逆算する

※1　広告在庫
広告を表示可能なインプレッションのこと。単純な例では、300万ページビュー/週のサイトの各ページに広告枠が2つずつあると、広告在庫は600万インプレッション/週になる。

〔実施手順〕

① AdWordsのディスプレイキャンペーンプランナー〈※2〉で、広告在庫の多いプレースメントを確認する〔図表44-2〕。
② AdWordsの管理画面で現状実施しているキャンペーンの[プレースメント]→[広告が表示された場所]を確認する〔図表44-3〕。
③ プレースメントごとの表示回数(インプレッション)やクリック数、コンバージョンを①と②で比較する。

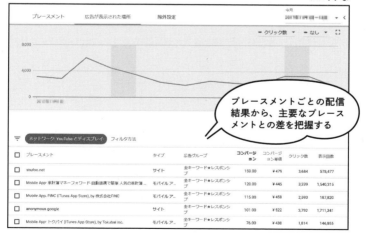

〔図表44-2〕
「Cookie/週」「表示回数/週」でプレースメントの広告在庫の目安を確認できる

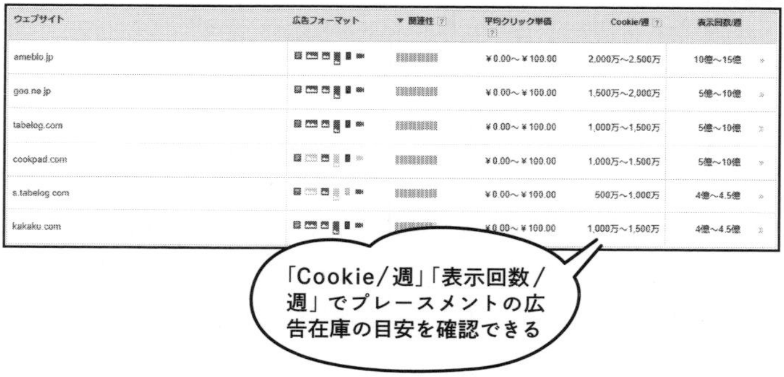

〔図表44-3〕
プレースメントごとの配信結果から、主要なプレースメントとの差を把握する

※2 ディスプレイキャンペーンプランナー
ディスプレイ広告のプランニングに役立つツール。本書執筆時点では新管理画面の[ツール、お支払い、設定]メニューに表示されていないが、旧管理画面からはアクセスできる。

相性がいいページがあるサイトを手動でターゲティング

　ディスプレイキャンペーンプランナーのプレースメントの上位には、「ameblo.jp」「kakaku.com」などのドメイン単位で数値が表示されます。その中に自社の商品やサービスと相性がいいページがどれくらいありそうか、想像してみましょう。実際各サイト（ドメイン）内で検索もしてみてください。

　相性がいいページがたくさんありそうなのに、現状はそのプレースメントのボリュームが少ないなら、ターゲティング設定を見直すべきです。配信したいページの数が少なく、手動で指定できる場合はプレースメントでターゲティングを行いましょう。ページの数が多く、手動での指定が難しい場合は、キーワードを指定してコンテンツターゲティングを実施します。(辻井)

有名サイトに広告を載せるチャンスがあるのもGDNの魅力だよね！

> **まとめ**
> 例えば、Q&Aサイトの「oshiete.goo.ne.jp」はコンテンツの種類が豊富で、幅広い商品でコンバージョンが取れるはずです。現状のボリュームが少ないなら検討しましょう。

45 「やりすぎ配信」の落とし穴を避けよう

新規ユーザーターゲティングに失敗する危険な設定

> 小さなターゲティング設定で始めたつもりが、意図せずに配信量が拡大され、ムダな予算を消化してしまった……。そのような落とし穴にはまらないために、ディスプレイ広告の危険な設定を理解しましょう。

ディスプレイ広告の新規ユーザーターゲティングは魅力的な施策ですが、失敗する人が多いのも事実です。筆者の経験上、スタート時点では特に避けたほうがいい設定をまとめます。

アプリ面への配信

アプリ面とは、スマートフォンなどのアプリに表示される広告枠です。商品にもよりますが、自社サイトでのコンバージョンを目的とした施策で、初動からアプリ面での費用対効果があうことはまれです。広告枠の質が悪いと誤タップ(※)は避けられません。以下の実施手順で除外しましょう。

[実施手順]

① AdWordsの管理画面で［プレースメント］を表示して［除外設定］を選択する。
② ［＋］ボタンから［プレースメントを除外］を選択する。
③ ［複数のプレースメントを入力］の入力欄に「adsenseformobileapps.com」と入力し、除外設定に追加する〔図表45-1〕。

※ 誤タップ
アプリ面にはゲームアプリの広告枠も含まれる。近年では小さな子供がスマートフォンやタブレットのゲームアプリで遊ぶことがあるが、そうしたケースでの広告のタップはほとんどが誤タップになる。

〔図表45-1〕

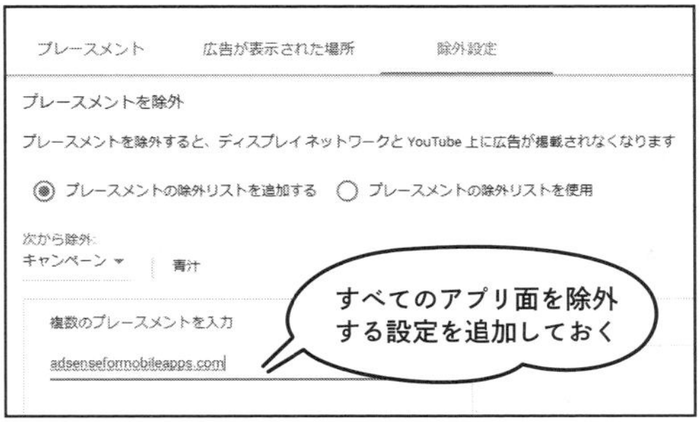

すべてのアプリ面を除外する設定を追加しておく

デバイスごとの入札単価

コンバージョン率はすべてのデバイスで同じ水準ですか？異なるようなら、ディスプレイ広告のスタート時点から、デバイスごとに入札単価調整をしておくべきです（60ページを参照）。

キーワードのターゲティグ設定

「コンテンツターゲティングのみ」ではなく「オーディエンスターゲティング」が有効になっていると、そのキーワードに関心を持つ可能性が高いユーザーにまで配信が拡大されます。ニッチなキーワードでも配信量が多くなりやすいため注意が必要です。

ターゲティングの自動化の設定

標準では「自動化（慎重）」が有効ですが（171ページを参照）、指定したキーワードとの関連性が薄いサイトにまで拡大されたり、リターゲティングのリスト以外のユーザーにまで勝手に配信されたりすることがあります。最初は「自動化しない」設定にしておくことをおすすめします。（辻井）

> **まとめ**
> いずれも意図せずに拡大されてしまうことが問題なだけで、狙いがあるのならOKです。自社のケースで問題がないことを確認できたら、徐々に有効にしてみましょう。

46
成果向上の流れは 配信面の開拓から

プレースメントに適した新しい広告でターゲットを広げる

> 配信面の豊富さはディスプレイ広告の大きな魅力ですが、ただ広く配信しただけでは成果につながりません。成果を上げつつ拡大するには、プレースメントの効率化や新規開拓に注目するのが近道です。

新しいクリエイティブで配信面を開拓

　GDNを攻略していくには、豊富な配信面を「開拓していく」という視点が欠かせません。ここで言う「開拓」とは、単にインプレッションやクリックを得るのではなく、コンバージョンや利益につながる形で配信面を拡大することを意味します。

　具体的にどういうことか、次ページの表に例を挙げます〔図表**46-1**〕。青汁商品の購入をコンバージョンとしたディスプレイ広告で、最初は広告Aだけを配信していました。その後、異なるターゲットを意識した2つのクリエイティブを作成し、広告B、広告Cとして配信した結果を示しています。

　広告Bは、広告Aで獲得できていた「fmama.jp」からのコンバージョンがもっとも多く、新しい配信面を開拓できているわけではありません。しかし、その配信面のクリック率とコンバージョン率は広告Aより優秀で、より効率的に獲得できています。広告Cは、広告Aでは獲得できなかった「biglobe.ne.jp」からコンバージョンを取れており、配信面の新規開拓に成功しています。

配信面の開拓に成功している例 〔図表**46-1**〕

クリエイティブの例		配信面 (プレースメント)	IMP	CTR	CV	CVR	費用	CPA
A	青汁モニター募集中 詳細はこちら	ameblo.jp	1,869,112	0.74%	92	0.66%	¥297,547	¥3,234
		rakuten.co.jp	764,183	1.65%	77	0.61%	¥239,748	¥3,114
		tabelog.jp	2,886,190	0.25%	48	0.65%	¥139,157	¥2,899
		fmama.jp	968,125	0.17%	9	0.56%	¥43,922	¥4,880
B	妊娠中のママへ 母乳のために青汁飲もう	fmama.jp	3,169,572	0.22%	45	0.65%	¥121,330	¥2,696
		benesse.ne.jp	1,548,145	0.11%	11	0.65%	¥34,052	¥3,096
		rakuten.co.jp	63,927	1.63%	6	0.58%	¥23,974	¥3,996
		cookpad.com	203,638	0.38%	6	0.79%	¥15,145	¥2,524
C	あと10年は健康寿命! 青汁で野菜不足を解消	biglobe.ne.jp	218,281	1.87%	34	0.83%	¥81,806	¥2,406
		msn.com	1,642,495	0.20%	13	0.39%	¥45,037	¥3,464
		sanspo.com	34,143	1.15%	11	2.80%	¥27,440	¥2,495
		ameblo.jp	17,938	0.76%	9	6.62%	¥25,604	¥2,845

IMP:インプレッション数、CTR:クリック率、CV:コンバージョン数、CVR:コンバージョン率、CPA:コンバージョン単価

プレースメントに注目して開拓の成否を見る

同じ商品でもターゲットは複数存在し、それぞれに適したクリエイティブがあるはずです。この例はまさに、ターゲットに適した広告によって配信面となるプレースメントの効率化や新規開拓が実現され、全体的な成果向上に成功したことを示しています。

本当はターゲットごとにクリック率やコンバージョン率の傾向を分析できるといいのですが、AdWordsの管理画面にはそのような機能がないため、プレースメントに注目するのがポイントです。

広告グループごとにプレースメントの「広告が表示された場所」を確認し、効率的に獲得できているか、新規開拓できているかを確認していきましょう。このPDCAを回していけば、配信面の最適化がどんどん進んでいき、CPAを維持しながらコンバージョンを増やしていけます。(辻井)

> **まとめ**
> 新しいクリエイティブを増やしても、結局同じプレースメントからコンバージョンを獲得しているだけの場合もあります。本当に開拓できているかを精査しましょう。

47
リターゲティング特有の変数を駆使せよ

誰に、どのような頻度で再訪問を促すのかを考慮する

> 新規ユーザーターゲティングとは異なり、自社サイトの既訪問ユーザーを狙うリターゲティングでは、考慮すべき変数が増えます。いずれも、コンバージョンにつながる再訪問を促すために重要です。

コンバージョンに近い人に効果的にアプローチ

　ディスプレイ広告における定番の施策であるリターゲティングでは、過去に自社サイトを訪問したことがある「人」にターゲティングし、サイトへの再訪問を促します。このとき、特に考慮したい変数を3つ紹介します。

訪問ページ

「その人は自社サイトのどのページを見たのか？」です。自社サイトの既訪問ユーザーの中でも、商品のランディングページ、カートの内容、資料請求や問い合わせのフォームを見た人は、トップページを見ただけの人よりもコンバージョンに近いはずです。

有効期間

「その人は自社サイトを訪問してから何日が経過しているのか？」です。一般に、訪問からあまり日数が経っていない人のほうがコンバージョンしやすいと言えます。

フリークエンシーキャップ

「その人に同じ広告を表示するのを何回までに制限するのか？」です。フリークエンシーが上がるほど広告に飽き、コンバージョンしにくくなるのが自然です。

AdWordsでリターゲティングを実施するには、自社サイトにタグを挿入したうえで、既訪問ユーザーのオーディエンスを作成します。訪問ページと有効期間はこのときに設定します。

その後、ディスプレイ広告のキャンペーンを作成してフリークエンシーキャップを設定し、広告グループで前述のオーディエンスを配信対象にします。実施手順は以下の通りです。

[実施手順]

① AdWordsの管理画面で［ツール、お支払い、設定］メニューを表示し、［オーディエンスマネージャー］を選択する。
② ［＋］ボタンから［ウェブサイトを訪れたユーザー］を選択する。
③ 「訪問したページ」や「有効期間」を設定し、オーディエンスを作成する〔図表**47-1**〕。
④ ディスプレイ広告のキャンペーンを作成し、フリークエンシーキャップを設定する〔図表**47-2**〕。

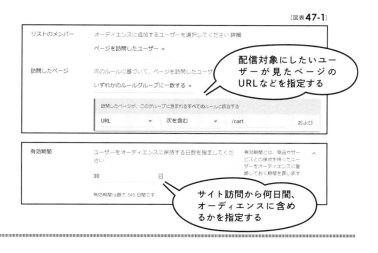

〔図表**47-1**〕

配信対象にしたいユーザーが見たページのURLなどを指定する

サイト訪問から何日間、オーディエンスに含めるかを指定する

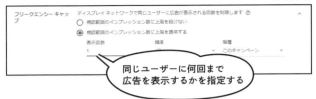

〔図表47-2〕

オーディエンスごとの重み付けは入札単価調整で

　コンバージョンに直結するページを閲覧した人、サイト訪問から日が浅い人を集めたオーディエンスに対しては、入札単価を上げて積極的にリターゲティングを実施しましょう。

　ただ、ディスプレイ広告の広告グループはできるかぎり集約すべきで、オーディエンスごとにいくつもの広告グループを作成して入札単価を設定するのは適切とは言えません。1つの広告グループに複数のオーディエンスを紐付け、オーディエンスごとに入札単価調整を行うようにします（60ページを参照）。

フリークエンシーの安易な制限は避ける

　フリークエンシーキャップを設定すると、同じ人に広告を表示する回数を「1日1回まで」などと制限できるため、CPAを抑えられることがよくあります。しかし、同じ人に広告を何度も見せるのは必ずしも悪いことではなく、機会損失につながる場合もあります。

　また、CPAが下がらないのはフリークエンシーの問題ではなく、そもそもサイト訪問者の質が悪い（コンバージョンしそうな人がいない）というケースも想定すべきです。フリークエンシーキャップはCPAを抑えたいときの最終手段、という意識で運用しましょう。（辻井）

> **まとめ**
> リターゲティングは、ここで紹介した3つの変数によって成果が大きく変わります。計画時はもちろんですが、運用時にも常に意識するようにしてください。

48
「GAリマーケティング」は最強のリピート施策

自社サイトでの行動に基づくセグメントで訴求する

> Googleアナリティクス（GA）には、自社サイトを訪問したことのあるユーザーの行動データが残っています。このデータを利用すれば、ユーザーの特徴にあわせた質の高いリターゲティングが可能になります。

Googleアナリティクスで作成したリストをAdWordsで使う

AdWordsとGoogleアナリティクスを連携していると、さらに精密なリターゲティングを実施できるようになります。これはユーザーの行動にあわせたクリエイティブを届けるうえで重要です。

Googleアナリティクスで計測している指標、特にサイト内での行動データやeコマーストラッキング（※）のデータを条件にユーザーリストを作成し、それをAdWordsのオーディエンスとして利用できます。この機能は「Googleアナリティクスリマーケティング」（GAリマーケティング）と呼ばれます。ユーザーリストは以下のように作成します。

［実施手順］

① Googleアナリティクスの「管理」画面を表示する。
② 「プロパティ」にある［ユーザーリスト設定］→［ユーザーリスト］を表示し、新しいユーザーリストを作成する［図表**48-1**］。
③ ［ユーザーリストの公開先］でAdWordsのアカウントを指定すると、AdWordsのオーディエンスとして使えるようになる。

※　eコマーストラッキング
Googleアナリティクスが備えるECサイト向けの機能。商品IDや単価、数量などのデータを含む「トランザクション」として購入データを記録できる。153ページを参照。

3 ディスプレイ広告

図表48-1

ユーザーの行動にあわせたクリエイティブで訴求

サイト内の行動データに基づくユーザーリストは、ディスプレイ広告のクリエイティブを作成するとき、特に役立ちます。

以下は有効と思われるユーザーリストの例です。それぞれに含まれるユーザーを思い浮かべると、同じリターゲティングであっても広告で訴求すべき内容が変わってくることがわかるはずです。

ロイヤルカスタマー

「有効期間：30日以内、訪問回数：2回以上、収益：10万円以上」といった条件でユーザーリストを作成。

購入金額が多く直近の訪問もあるため、何もしなくても購入してくれるユーザーですが、リターゲティングによってさらに購入回数を増やせる可能性があります。

自社サイトや検討中の商品を覚えているはずなので、強い訴求のクリエイティブは必要ありません。単純に商品やサイトを思い出してもらえるようなクリエイティブで十分でしょう。

最近購入してくれないユーザー

「購入回数：過去360日間で5回以上」と「購入回数：過去90日間で1回以上」といった条件で2つのユーザーリスト

を作成し、前者から後者を除外することで作成。

競合商品への乗り換え、商品やサイトの使い勝手の不満など、理由はさまざまに考えられますが、購入しなくなってすぐであれば戻ってきてくれる可能性があります。キャンペーンの情報や新商品の案内など、再度購入する理由を作るような訴求が有効でしょう。

確度の高い検討中ユーザー

「有効期間：30日以内、訪問回数：1〜5回、購入回数：0回」といった条件でユーザーリストを作成。

リターゲティングが有効とされるのは、サイトの初回訪問で購入や登録を決める人が少ないためです。しかし、5回を超えて訪問しているのに購入しないユーザーは、これ以上再訪問を促してもコンバージョンする可能性は低いかもしれません。

訪問回数を条件にすることで、見込みが高いユーザーに絞ったリターゲティングが可能になります。ただ、適切な訪問回数がどれくらいかは、商品やサービスの性質によって変わります。

ユーザーリストのボリュームに注意する

GAリマーケティングを実施するときの注意点としては、ユーザーリストのボリュームが挙げられます。多数の条件を設定してセグメントが細かくなりすぎると、そこに含まれるユーザーが限定されすぎ、広告がほとんど配信されずに終わってしまいます。

ユーザーリストの作成時に、過去7日間で該当するユーザー数が表示されるので、参考にしてください。（辻井）

> **まとめ**
> 対象を細かく絞り込むことよりも、「ユーザーの行動にあわせたクリエイティブで適切なメッセージを届ける」ことに注力したほうが、よい結果につながるはずです。

49
有望ユーザーの選出は機械学習に任せる

コンバージョンしそうな人を自動収集する「スマートリスト」

> Googleアナリティクスのeコマーストラッキングを実装済みのECサイトでは、購入に近いユーザーを自動的にリスト化する機能が利用できます。手間をかけずに確度の高いリターゲティングが可能です。

過去のデータに基づいてユーザーリストを生成

Googleアナリティクス（GA）には、機械学習に基づいてリターゲティングが効くと思われるユーザーを自動的にリスト化する機能もあります。これを「スマートリスト」と呼び、手間をかけずに成果を上げる施策として魅力的です。

通常のユーザーリストは、広告運用者がコンバージョンしやすいセグメントを試行錯誤しながら設計しますが、スマートリストは過去のデータから今後のセッションでコンバージョンしやすいユーザーを勝手に定義し、毎日更新します。

コンバージョンしそうな人がわかるなんて、GAってすごいよね！

コンバージョンはeコマーストラッキングが基準

スマートリストはGAリマーケティングの実施手順（149ページを参照）で表示する「ユーザーリスト」画面から、簡単に作成できます〔図表49-1〕。ただ、基準とするコンバージョンはGoogleアナリティクスで多くの人が設定している「目標」ではなく、eコマーストラッキングの「トランザクション」になります。

さらに条件があり、トランザクションが毎月500件以上発生し、1日のページビュー数が10,000回を超える場合に限り、自社サイトのデータに基づくスマートリストが作成されます。それに満たない場合は、類似サイトのデータに基づいたリストになります。

類似サイトのデータは、サイトの構成やコンバージョンの定義などで異なる部分が多いため、「コンバージョンしやすいユーザー」の予測が崩れている可能性が否めません。慎重にデータを見ながら開始するようにしましょう。

なお、eコマーストラッキングを実装するには、商品の購入完了ページに対してGoogleアナリティクスの仕様に沿ったタグを動的に書き出す必要があり、エンジニアの協力が不可欠です。実装の難度は高いですが、スマートリストだけでなくeコマース特有のレポートも活用できるなど、ECサイトでは十分に価値があります。（辻井）

〔図表49-1〕

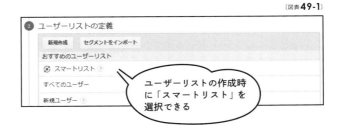

ユーザーリストの作成時に「スマートリスト」を選択できる

> **まとめ**
> まったく手間がかからないのがスマートリストの魅力ですが、自社サイトのデータに基づいていない場合があります。条件を満たしているか、よく確認して使ってください。

50
多商品サイトの動的リマーケティングは強力

ユーザーが閲覧した商品を自社サイトの外でも表示する

> 多くの商品を扱っているECサイトでは、ユーザーが閲覧した商品の履歴に基づくリターゲティングが有効です。実施にはさまざまな準備が必要ですが、通常のリターゲティングよりも高い効果が期待できます。

静的な広告よりもコンバージョン率が高くなる

　画像によるバナー広告やレスポンシブ広告を使ったリターゲティングは、クリエイティブが固定されているという意味で、いわば静的なリターゲティングです。

　これに加えて、AdWordsではユーザーごとに異なるクリエイティブを都度生成して表示する「動的リマーケティング」も実施できます。別名「ダイナミックリターゲティング広告」とも呼ばれます。

　Amazonや楽天などの大規模ECサイトを利用していると、自分が過去に見た商品や、その関連商品がサイト内でレコメンドされることがあります。それをサイト外まで追跡して表示する広告、と言えばわかりやすいかもしれません〔図表**50-1**〕。

　ECでは単品通販ではなく複数の商品を販売しているサイト、メディアでは不動産や就職・転職など、多様な物件や求人のページが存在するサイトと相性がいい広告です。自分が過去に見た商品やページと同じ内容の広告が表示されるため、静的な広告よりもクリック率・コンバージョン率ともに高くなる傾向があります。

動的リマーケティングの例 (図表50-1)

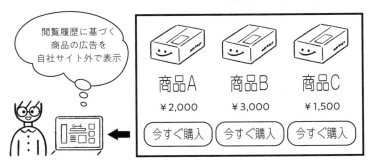

タグのカスタマイズとデータフィードの更新が必須

AdWordsの動的リマーケティングはキャンペーンの作成時に「動的広告」で有効にしますが、さらに以下も必要になります。

- カスタマイズしたリマーケティングタグの設置
- 商品情報などのデータフィードの更新

リマーケティングタグはページによって動的に書き換える必要があり、実装のハードルは高いです。データフィードについても、商品の入れ替わりや在庫の有無に応じて更新しなければならないため、人的リソースがかかります。

タグは社内のエンジニアや外部パートナーに依頼し、フィードはフィードフォース(※)などが提供する自動更新サービスを導入することをおすすめします。（辻井）

> **まとめ**
> システム改修などの投資が可能な大規模サイト向けの施策ですが、相性のいいサイトでは本当に強力で、検索広告よりも高パフォーマンスで配信できることもあります。

※　フィードフォース
広告運用者がデータフィードを生成・更新
するための各種サービスを提供する企業。
https://www.feedforce.jp/

51 リターゲティングをアップセルやクロスセルに

ユーザーリストの設計次第で好かれる広告にできる

> リターゲティングは再訪問のための施策として知られますが、2回目以降の購入を促すためにも使えます。ユーザーにとって「ちょうどいい」広告となるよう、配信対象となるリストを工夫しましょう。

商品の再プッシュだけがリターゲティングではない

「自社サイトを再訪問してもらい、検討中だった商品を購入してもらうための広告」。リターゲティングをそう理解している人は多いと思いますが、さらに先のアップセル(※1)やクロスセル(※2)にも有効であることも意識すべきです。

そのために重要なのが、対象となるユーザーリスト(オーディエンス)の設計です。近年、ECサイトは「単品リピート通販」と「総合通販」の2種類で語られることが増えてきました〔図表51-1〕。それぞれで有効なリターゲティングについて考えます。

単品リピート通販と総合通販の特徴 〔図表**51-1**〕

特徴	単品リピート通販	総合通販
商品例	化粧品、健康食品など	本、家電、インテリア、アパレルなど
品揃え	少ない	多い
定期購入	あり(同じ商品をくり返し買う)	なし(同じ商品は買わない)
代表的なサイト	ファンケルオンライン、ドクターシーラボ、やずや、オイシックスなど	Amazon、楽天、ベルメゾンネット、ヨドバシドットコム、ZOZOTOWNなど

※1 アップセル
以前よりも価格が高い商品の購入を顧客に促すこと。

※2 クロスセル
関連商品の購入を顧客に促すこと。

単品リピート通販

ランディングページを閲覧したユーザーに再訪問を促すだけでなく、トライアル商品を購入したユーザーを定期購入に引き上げる「アップセルリターゲティング」が効果的です。

対象となるリストはトライアル購入ユーザーですが、すでに定期購入済みのユーザーは除外します。リスト設計時には、こうした除外の視点が役立つことが多々あります。

総合通販

関連商品を勧める「クロスセルリターゲティング」が有効です。GAリマーケティングを利用すれば、購入金額が上位20%の顧客のみを対象にできます。そのようなロイヤルカスタマーであれば、関連商品や新商品を買ってくれる可能性が高いはずです。

また、ロイヤルカスタマー限定のキャンペーンページを作って誘導する施策も有効です。売り上げアップにつながるだけでなく、「あなただけ」の特別感を演出することで、さらにロイヤリティーを高められるかもしれません。

リターゲティングは顧客とのコミュニケーション

リターゲティングのもう1つのイメージに、「追いかけてくるうざい広告」もあると思います。しかし、広告運用者がユーザーリストやクリエイティブを工夫すれば、「ちょうどいいときに出てくる広告」に変身させることは十分に可能です。

リターゲティングはメルマガやダイレクトメールと同じ、顧客とのコミュニケーションの手段です。適切なタイミングで適切なメッセージを届けることが、着実な成果につながります。(辻井)

> **まとめ**
> 定番の施策でありながら、嫌われるネット広告の代表とも言えるのがリターゲティングです。リストやクリエイティブを工夫して好かれる広告を目指しましょう。

52 新規セッション率はリターゲティングの生命線

質の高い新規ユーザーが増えなければ枯れてしまう

> 成果を得られやすいのがリターゲティングの魅力ですが、それだけを実施していても頭打ちになります。自社サイトの「新規セッション率」を確認し、新規ユーザーの傾向に気を配ることも必要です。

リターゲティングだけでは売り上げは伸びない

リターゲティングは購入直前のユーザーにアプローチしやすく、CPAを安く抑えられることがほとんどです。ただ、それには「自社サイトに質の高い新規ユーザーが常に一定数いる」という前提が必要だということを忘れてはいけません。

Googleアナリティクスにおいては、サイトを初めて訪問した人を新規ユーザー（New Visitor）[※1]、2年以内に再訪問した人をリピーター（Returning Visitor）と定義します。全セッションに占める新規ユーザーの割合が「新規セッション率」です。

極端な例ですが、新規セッション率が0%のサイトでリターゲティングのみを実施していたとすると、同じユーザーに再訪問を促す広告を延々と配信し続けていることになります。いずれ効果がなくなるのは明らかです〔図表52-1〕。

毎月のレポートで自社サイトの新規ユーザーが減り続けているとしたら、リターゲティングに黄信号が灯っています。新規ユーザーを増やす別の施策も早急に検討すべきです。

※1　新規ユーザー
正確には新規ユーザーのセッションを表すセッション単位の指標。リピーターも同様にリピートセッションを意味する。

リターゲティングと新規ユーザーの関係 〔図表52-1〕

新規ユーザーを連れてくるだけの施策も考えもの

　Googleアナリティクスでカスタムレポートを作れば、AdWordsのキャンペーンや広告グループごとに新規ユーザーや新規セッション率を確認できます。これらが高い施策は「新規ユーザーをサイトにたくさん連れてきている」という点で評価できます。

　もちろん、新規なら誰でもいいわけではなく、「質が高い＝コンバージョンする見込みがある人」がほしいところです。リターゲティングをラストクリック（※2）に置くなら、新規ユーザーを連れてくる広告は、そのアシストに貢献していないと意味がありません。こうした考え方はアトリビューション分析（※3）と呼ばれ、Googleアナリティクスの「マルチチャネル」レポートで行えます。

　ただ、筆者の経験ではアシスト「だけ」に強い広告というのはまれで、ラストクリックのコンバージョンを取れる広告が結果的にアシストにも貢献していた、というケースが多いです。つまり「新規は新規でコンバージョンを取り、リタゲはリタゲでコンバージョンを取る」施策を両輪で回していくのがベストだと考えています。（辻井）

> **まとめ**
> 重要なのはバランスです。CPAが抑えられるからといってリターゲティングばかり実施するのではなく、新規ユーザー向けの施策にも注力するようにしてください。

※2　ラストクリック
コンバージョンの直前に発生したクリックのこと。広告が購入などに直接結びついたことを示す。

※3　アトリビューション分析
コンバージョンに直接結びついた広告だけでなく、それ以前の広告や流入元も含めて貢献度を測る取り組みのこと。アトリビューションは「帰属」を意味する。

53 キャンペーンの予算を保険として使う

配信ペースが把握できるまでは抑えめの設定が安心

> ディスプレイ広告の予算は、検索広告以上に慎重に設定すべきです。キャンペーンの予算の仕組みを正しく知り、最初は低めに設定しましょう。慣れてきたらインプレッションシェア損失率に注目します。

最大2倍で執行される可能性も考慮しておく

　ディスプレイ広告のキャンペーンでは、初動においてどのようなペースで配信されるのか、予測がつきにくいものです。ディスプレイ広告を未経験なら、不安になるのも無理はありません。

　よって、配信のスタート時は保険として低めの予算を設定し、様子を見ることをおすすめします。キャンペーンの設定にある「予算」で、1日の予算を抑えめに設定しましょう〔図表53-1〕。

　しかし、ここで設定した予算は、1日あたり最大2倍の金額で執行される可能性がある点には注意が必要です。AdWordsの1か月の請求額は、「1日の予算に1か月の平均日数を掛けた金額を超えない範囲」で調整されます。例えば、1日の予算に「10,000」円と入力した場合、1か月の請求額は30万円を超えませんが、3日間で6万円に達することはありえます。

　毎日同じくらいの費用をきっちり使いたい場合、入札単価でコントロールすることもできますが、あまり有効とは言えません。この仕組みを理解したうえで予算を設定するようにしましょう。

[図表53-1]

キャンペーンの設定で1日の予算を入力する

インプレッションシェア損失率にも気を配る

保険として役立つキャンペーンの予算ですが、頼りすぎると広告の効果が落ちてしまいます。

ディスプレイ広告の運用に慣れてきて、「クリック単価が100円以下であれば費用対効果があうので、いくらでもクリックを集めたい」という状況になったとします。このとき、広告グループの上限クリック単価を100円に設定しますが、キャンペーンの予算が低いと、その範囲内で配信が抑制されてしまいます。

それによって機会損失が発生しているかは、検索広告と同様に「インプレッションシェア損失率（予算）」を表示項目に追加することで確認できます〔図表53-2〕。損失が発生している場合、1日の予算が優先であれば上限クリック単価を下げる、クリックの獲得を優先するなら予算を増やすなどの対応を検討しましょう。（辻井）

[図表53-2]

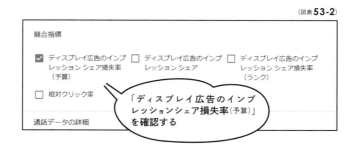

「ディスプレイ広告のインプレッションシェア損失率（予算）」を確認する

> **まとめ**
> 最初は「インプレッションシェア損失率（予算）」が発生するくらいでちょうどいいかもしれません。配信が安定してきたら、損失率が0になるように入札を調整していきます。

54
リスト化とルール化で配信ミスを防ぐ

チェックリストの共有と複数人でのチェックが効果的

> 新しいキャンペーンを開始するとき、1人で設定すると思わぬミスが発生しがちです。社内のチームでリストを作り、ダブルチェックしてから配信するようにすれば、思わぬ予算消化などを防止できます。

予想外の配信結果で慌てないために

　広告在庫が膨大なディスプレイ広告は、想定以上に費用を使ってしまうケースが多々あります。ここだけの話ですが、筆者も入札単価を1けた間違えて半日で半月分の予算を使ってしまったことがあり、いま思い出すと恐ろしい経験です。

　費用面がキャンペーンの予算で守られたとしても、ディスプレイ広告の「落とし穴」にはまってしまい（142ページを参照）、成果につながらない配信を続けてしまっていることもあります。意図に沿わない配信が行われ、ムダな費用がかかってしまうことのないよう、注意深く設定してください。

　しかし、広告運用者が人間である以上、ミスは必ず発生します。自分がチェックするのは当然として、自社のチーム全体としてもミスを防ぐ体制を整えておくべきでしょう。ポイントは「リスト化」と「ルール化」です。

　リスト化にあたっては、次ページの表に示すようなチェックリストを作成します〔図表54-1〕。自分でのチェックの精度が上がるのはも

ちろん、上司や同僚への依頼もスムーズにできます。

ルール化として効果が高いのは、異なるメンバーによるダブルチェックを義務付けることです。リストの作成時には、そうしたルールをまとめたマニュアルも作っておくといいでしょう。(辻井)

配信ミスを防ぐためのチェックリストの例 〔図表54-1〕

チェック項目	内容
ターゲティング	・リターゲティングと新規ユーザーターゲティングのどちらか ・リターゲティングの場合、ユーザーリストは設定されているか ・リターゲティングの場合、対象URLは適切か
地域	・地域の指定は必要か ・地域の指定は適切か
デバイス	・スマートフォンとPCの両方に配信していいか ・スマートフォンとPCでリンク先は同じでいいか ・リンク先が異なる場合、デバイスごとに正しいリンク先が設定されているか ・デバイスごとの入札単価調整は適切か
ユーザー属性	・年齢、性別のターゲティングは必要か ・子供の有無、世帯年収によるターゲティングは必要か ・必要なターゲティングが正しく設定されているか
広告	・キャンペーンに沿った広告になっているか ・クリエイティブに誤字などがないか
リンク先	・キャンペーンに沿ったリンク先になっているか ・広告の内容とリンク先にズレはないか
入札単価	・広告グループの入札単価は適切か
予算	・キャンペーンの予算は適切か
キャンペーン開始日	・開始日の設定は必要か ・開始日の設定は適切か
キャンペーン終了日	・終了日の設定は必要か ・終了日の設定は適切か

請求額を見て真っ青にならないようチームで確認しようね

まとめ
チェックリストの内容は、AdWordsの仕様変更などで見直すべきです。配信後に「こうしておけばよかった……」という反省点があれば、必ずリストに反映させましょう。

55
自動入札で飛躍的な成果を狙え

シグナルが多いぶん、検索広告以上の効果が期待できる

> Googleの機械学習の技術により、オークションへの入札単価を自動的に調整する「スマート自動入札」。ディスプレイ広告でも、手動から自動入札へと切り替えていくのが成果を最大化するステップです。

広告の配信面や種類が機械学習のシグナルに

AdWordsの「スマート自動入札」はディスプレイ広告でも導入でき、検索広告とロジックは同じです。しかし実は、ディスプレイ広告においては検索広告以上に成果を伸ばせる可能性があります。

その理由は、機械学習が判断するシグナルが検索広告よりも多いためです。ディスプレイ広告の自動入札では、検索広告にはない以下の3つのシグナルが善し悪しの判断に用いられます。

- プレースメント
- 広告のサイズやフォーマット
- ユーザーのサイト内での行動（自社サイト以外を含む）

ほかにも、ユーザー属性として興味・関心（アフィニティカテゴリなど）が加わるなど、より多くのシグナルが機械学習に与えられます。データの量やバリエーションが増え、人間では判断できない範囲が広がるぶん、機械学習の重要性も高まるわけです。

コンバージョン数が3倍になった事例も

　筆者が経験した自動入札によるパフォーマンスの変化を、以下の画面で示します〔図表55-1〕。あるアカウントにおける実際の数値で、2017年2月にキャンペーンを開始し、4月に自動入札戦略の1つである「目標コンバージョン単価」を導入しました。

　導入前の3月と導入後の6月を比較すると、コンバージョン単価（CPA）は「3,281円」と「2,973円」とほぼ維持しながら、コンバージョン数は「136」から「496」と3倍以上になっています。これがディスプレイ広告における自動入札のすごさです。

　うまく軌道に乗せれば非常に多くのコンバージョンを獲得できるようになりますが、それにはコンバージョンの蓄積が必要です。はじめは拡張CPCによる手動入札でコンバージョン数を溜め、自動入札のお膳立てをするイメージで運用しましょう。（辻井）

〔図表55-1〕

月	クリック数	表示回数	コンバージョン	コンバージョン単価	コンバージョン率
2017年2月	11,118	2,211,394	104.00	¥2,977	0.94%
2017年3月	5,729	2,239,039	136.00	¥3,281	2.37%
2017年4月	9,829	5,184,884	152.00	¥2,748	1.55%
2017年5月	38,144	14,049,682	400.00	¥3,116	1.05%
2017年6月	50,648		496.00	¥2,973	0.98%

スマート自動入札の導入により、コンバージョン数が大きく伸びた

> **まとめ**
> ディスプレイ広告でも、最終的には機械学習による自動化を目指していくのが妥当です。そのためのプランニングと運用を当初から意識しましょう。

56
サイズ別や種類別での細分化は避ける

機械学習を生かすディスプレイ広告のアカウント構成

> 検索広告と同様に、ディスプレイ広告のアカウント構成によっては、自動入札が十分なパフォーマンスを発揮できないことがあります。機械学習を進めるうえで、やるべきではない構成を確認しましょう。

1つのキャンペーンや広告グループになるべく集約

ディスプレイ広告のアカウント構成でやってしまいがちなミスは、大きく2つのケースに分けられます。

1つは、同じ広告を複数のキャンペーンに登録しているケースです〔図表56-1〕。自動入札を導入する際には、キャンペーンの過去30日間のコンバージョン数が500件以上あると学習期間が非常に短くなるとされています。このような構成では1つの広告（クリエイティブ）のコンバージョンが複数のキャンペーンにばらけてしまうため、キャンペーンを集約してコンバージョンを溜めやすい構成にします。

もう1つは、広告のサイズや種類で広告グループを細分化しているケースです〔図表56-2〕。機械学習の精度を上げるにはデータの「量」や「バリエーション」が必要なので、広告グループはむやみに分散せずに集約することをおすすめします。

ユーザーリストごとに広告グループを分けているアカウントもよく見かけますが、その場合は1つの広告グループに複数のユーザーリストを紐付け、入札単価調整で対応しましょう。

同じ広告を複数のキャンペーンに登録している例 〔図表**56-1**〕

広告のサイズで広告グループを細分化している例 〔図表**56-2**〕

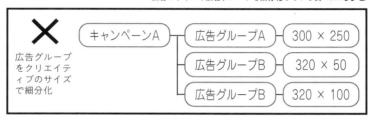

別のターゲットや広告、ランディングページなら分ける

一方、まったく異なるターゲットや訴求内容の広告を新たに展開したい場合、もしくは別のランディングページで集客する場合は、キャンペーンや広告グループを分けるべきです。

今までとは違うターゲットや広告が追加されると、過去のデータがないために十分なインプレッションを与えられず、効果がないと判断される可能性があります。正当に評価されるよう、キャンペーンや広告グループを分けてコンバージョンデータを溜めていきましょう。(辻井)

> **まとめ**
> 似たような訴求内容の広告のバリエーションは、迷わず同じ広告グループにまとめます。コンバージョンデータを蓄積し、自動入札による拡大を狙いましょう。

57
PDCAの高速化には
マイクロコンバージョン

購入・登録の手前をコンバージョンにして数を稼ぐ

> 通常、成果となるコンバージョンは商品の購入や資料請求フォームへの登録が完了したページなどに設定します。しかし、機械学習にデータを溜めることを優先する場合、その手前に設定することも有効です。

「カート投入」や「入力フォーム表示」に注目する

　自動入札を実施するキャンペーンでは、過去30日間のコンバージョン数が500件以上あると学習期間が非常に短くなるとされています。しかし、購入完了や資料請求などの最終コンバージョンをAdWordsのコンバージョンとして設定していると、500件蓄積するまでに相当な時間がかかってしまうこともあるでしょう。

　また、クリエイティブやキーワードの改善も、コンバージョン数が多ければ多いほど、すばやく正確な判断ができるようになります。そこで検討したいのが「マイクロコンバージョン」です。

　マイクロコンバージョンとは、最終的な成果となるコンバージョンの前に必ず発生するアクションのこと。例えば、ECサイトにおける「購入完了」が最終コンバージョンなら、「カート投入」がマイクロコンバージョンに当たります〔図表57-1〕。

　最終コンバージョンとマイクロコンバージョンの代表的な組み合わせを次ページの表に示します〔図表57-2〕。同様の考え方は、次章で解説するFacebook広告でも有効です。

マイクロコンバージョンの概念図　〔図表**57-1**〕

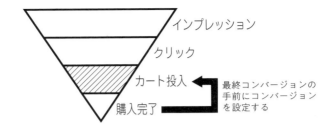

マイクロコンバージョンの例　〔図表**57-2**〕

サイトの種類	マイクロコンバージョン	最終コンバージョン
ECサイト（カートシステム）	カート投入	購入完了
ECサイト（フォーム一体型LP（※））	フォーム入力開始	購入完了
リード獲得サイト	入力フォーム表示	資料請求完了
店舗紹介サイト	地図ページ	店舗への来店

Googleアナリティクスでの検証も忘れずに

　マイクロコンバージョンを設定するにあたっては、「そのアクションが増えれば最終コンバージョンも増える」という因果関係が成立していないと意味がありません。最終コンバージョンはGoogleアナリティクスの目標として計測するようにし、因果関係が成立しているユーザー行動をマイクロコンバージョンにしましょう。

　加えて、マイクロコンバージョンによってコンバージョンポイントを変更すると、AdWordsのコンバージョンタグを埋め込むページなども変わってきます。社内のエンジニアや外部パートナーと連携しつつ進めてください。（辻井）

> **まとめ**
> コンバージョンポイントは運用開始前に設定しておくのが理想的ですが、データの溜まり具合によっては、運用中に柔軟に変更していくことも重要です。

※　フォーム一体型LP
商品の購入フォームが埋め込まれたランディングページ。「カート落ち」を減らせるメリットがあり、単品通販のECサイトでよく使われる。フォーム入力開始の計測には、JavaScriptまたはGoogleタグマネージャによる実装が必要となる。

58
自動入札が安定したら ターゲティングも自動化

配信先を自動で拡大して獲得数を増やし、維持する

> ディスプレイ広告のキャンペーンでは、機械学習によって「ターゲティングの自動化」を実現することもできます。自動入札と併用することで、CPAを維持したまま配信先の拡大が望めます。

ディスプレイキャンペーンオプティマイザーを活用

　自動入札戦略の1つである目標コンバージョン単価は、かつては「コンバージョンオプティマイザー」と呼ばれていました。これと似た名称を持つAdWordsの機能に「ディスプレイキャンペーンオプティマイザー」があります。

　この機能は過去のコンバージョンの傾向から学習し、ディスプレイ広告の「ターゲティングの自動化」を実現します。例えば、キーワードで「青汁」を指定してコンテンツターゲティングを実施している場合、「ケール」や「大麦若葉」だけでなく、「スムージー」や「酵素ドリンク」にまで自動的に拡大していくイメージです。実施手順を次ページに示します。

「スマートなんとか」
「なんとかオプティマイザー」
こんがらがってくるなぁ

〔実施手順〕

① AdWordsの管理画面で広告グループの［設定］を表示する。
② ［広告グループのターゲット設定を編集］を選択する。
③ ［ターゲティングの自動化］で［自動化（積極的）］を選択する〔図表58-1〕。

〔図表58-1〕

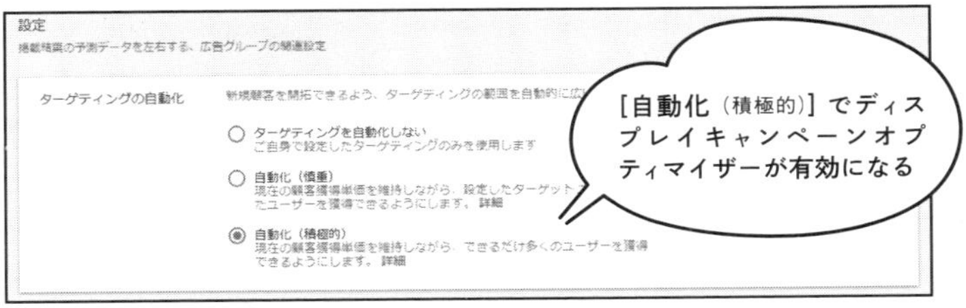

［自動化（積極的）］でディスプレイキャンペーンオプティマイザーが有効になる

先に目標コンバージョン単価を有効にしておく

　注意点としては、ディスプレイキャンペーンオプティマイザーを有効にする前に、目標コンバージョン単価を有効にしておくことです。順序が逆、つまりディスプレイキャンペーンオプティマイザーが先に働いてしまうと、CPAが高騰しやすくなります。

　目標コンバージョン単価での配信が安定してきてから、ディスプレイキャンペーンオプティマイザーを有効にすれば、同等のCPAでコンバージョン数を増やすように、ターゲティングの自動化が働くようになります。

　また、リターゲティングでディスプレイキャンペーンオプティマイザーを有効にすると、サイト訪問者以外にもターゲティングが拡大されます。厳密なリターゲティングを実施したい場合は、ターゲティングの自動化の設定はそのままにしておきます。（辻井）

> **まとめ**
> 目標コンバージョン単価と同様、機械学習に基づく機能なので、できるだけ多くのコンバージョンをキャンペーンに溜めることを意識しましょう。

59 初回購入だけでなくLTVも追求せよ

利益最大化の視点で広告ごとの費用対効果を明確にする

> 「1回購入してもらって終わり」だけでなく、「同じ人にくり返し購入してもらう」ことを目指す施策も、ネット広告では重要になってきています。「LTV」ベースで評価する考え方を見てみましょう。

ユーザーとの長期的な関係を作れる広告こそ重要

「LTV」(※)は顧客生涯価値と訳され、ECサイトであれば「平均購入回数×平均購入単価」で計算します。この考え方をネット広告に当てはめると、初回購入だけで終わってしまうユーザーばかり連れてくる広告は価値が低く、長期にわたって何度も購入するユーザーが多い広告は価値が高い、となります。

例えば、以下の表に示す2つの広告施策では、どちらを強化すべきでしょうか？ CPAだけを見るとキャンペーンAのほうが優れており、初回購入を効率的に獲得できています。しかし、キャンペーンBで獲得した顧客は平均購入回数が多く、LTVまで考慮するとBを強化すべき、という判断になります〔図表59-1〕。

CPAとLTVを比較した例 〔図表59-1〕

広告	CPA	平均購入回数	平均購入単価	LTV
キャンペーンA	¥3,000	2回	¥5,000	¥10,000
キャンペーンB	¥5,000	5回	¥4,000	¥20,000

※ LTV
「Life Time Value」の略。1人の顧客が商品・サービスの取引期間において最終的にもたらす利益のこと。

LTVの計測環境はGoogleアナリティクスが理想的

　CPAだけを広告の評価基準にして予算や入札単価を調整していると、LTVの最大化にはつながりません。AdWordsでは以下のような設定を行うことで、LTVベースでの評価が可能になります。

　ただ、LTVは長期にわたって計測する指標なので、Googleアナリティクスの「ライフタイムバリュー」レポートなどを見るのが望ましいでしょう。AdWordsではCPAを重要指標としつつ、3か月や半年ごとにGoogleアナリティクスでLTVを評価する流れが理想的です。

〔実施手順〕

① AdWordsの管理画面で、コンバージョンの設定にある「値」から［コンバージョンごとに割り当てる価値を変更］を選択する。
② コンバージョンの設定にある「カウント方法」で［すべてのコンバージョン］を選択する。
③ コンバージョンタグをカスタマイズし、コンバージョン値に購入単価が自動挿入されるようにする。

過剰に期待させる広告でLTVは伸びない

　LTVを高めるには、広告でユーザーの期待値をコントロールすることも意識しましょう。例えば「1回飲むだけで10kgやせる」というクリエイティブは、安価なCPAで獲得できても、LTVは低くなります。期待値を上げすぎ、その後の購入につながらないためです。

　また、LTVは広告のターゲットによっても変動します。わかりやすいのはユーザーの可処分所得で、20代前半の若者ばかり連れてくる広告のLTVは伸びません。LTVはクリエイティブやターゲティングの工夫次第だと覚えておいてください。（辻井）

> **まとめ**
> 初回のコンバージョンだけで評価されることの多かったネット広告ですが、今後はLTVでの評価がより重視されるでしょう。まずは計測できる環境作りから始めてください。

3　ディスプレイ広告

60
クリエイティブの作成をも自動化できる

最適なアセットの組み合わせを作る「スマートディスプレイ」

> 機械学習の技術により、ディスプレイ広告ではクリエイティブの作成をも自動化できます。あらかじめ登録したアセット(画像やキャッチコピー)を組み合わせて広告を作成し、各アセットを評価していきます。

過去30日間に50回以上のコンバージョンで利用可能に

　ここまでに入札の自動化(スマート自動入札)、ターゲティングの自動化(ディスプレイキャンペーンオプティマイザー)について解説しました。AdWordsの機械学習では、さらに「広告作成の自動化」までもが実現されており、画像やテキストの効果的な組み合わせを自動生成できます。

　この「スマートディスプレイキャンペーン」は、過去30日間にディスプレイ広告で50回以上、または検索広告で100回以上のコンバージョンを獲得したうえで、以下の実施手順で作成します。コンバージョン数は多ければ多いほど最適化の精度が上がるため、ギリギリの場合はマイクロコンバージョンを設定して30日間データを蓄積することをおすすめします。

[実施手順]
① AdWordsで新しいディスプレイ広告のキャンペーンを作成する。
② キャンペーンの目標を選択する。
③ [スマートディスプレイキャンペーンを作成]を選択する。

既存キャンペーンとの「カニバリ」に注意

　画像、見出し、説明などのアセットは、手動での登録が必要です〔図表60-1〕。それらが自動的に組み合わされてクリエイティブが生成されるので、どのような組み合わせになっても意味が通じるようにします。配信後は各アセットの評価が「最良」「良い」「悪い」の3段階で表示されるので、「悪い」アセットを発見したら新しいものと入れ替えます。

　スマートディスプレイキャンペーンでは入札とターゲティングも自動化され、新規ユーザーターゲティングだけでなくリターゲティングも対象にできます。ただ、既存のキャンペーンと並行して配信すると、ターゲティングのカニバリゼーション（食い合い）が発生し、スマートディスプレイキャンペーンにはほとんどインプレッションが発生しないことも起こりがちです。

　機械学習のパフォーマンスを上げるにはデータの蓄積が必要なので、その場合は既存のキャンペーンを一時的に停止し、スマートディスプレイ1本にすることを検討しましょう。（辻井）

〔図表60-1〕

登録したアセットが自動的に組み合わされ、クリエイティブが生成される

> クリエイティブ作成の自動化とはいえ、画像やキャッチコピーは考える必要があります。基本を忘れず、ターゲットの明確化とベネフィットの選定を意識しましょう。

61
失敗しにくい TrueViewの始め方

YouTubeの動画広告でブランド認知と獲得を狙う

> AdWordsの管理画面では、YouTubeにも広告を出稿できます。自社のチャンネルに商品やサービスを紹介する動画をアップロードしておき、その動画の視聴を促す広告でユーザーにアプローチしましょう。

3種類の広告フォーマットを使い分ける

通勤・通学中の電車内で、スマートフォンを使ってYouTubeを視聴している人々をよく見かけるようになりました。「TrueView」とは、主にYouTubeに配信される動画広告を指します。

動画として再生される「インストリーム広告」と「バンパー広告」(※1)に加え、動画のサムネイル画像とテキストで構成される「ディスカバリー広告」の3種類があります。それぞれの特徴は次ページの図の通りです〔図表61-1〕。

TrueViewを活用した施策としてオーソドックスなのは、ブランド認知を目的とした広告です。インストリーム広告は30秒以上視聴されたときだけ課金される仕組みで、テレビCMにはない価値があります。また、バンパー広告はインプレッション単価が非常に安く、GRP(※2)やリーチの単価で比較すると、テレビCMよりもコストパフォーマンスで勝ることがほとんどでしょう。

TrueViewのキャンペーンは、通常のディスプレイ広告とは別に作成します。実施手順は次ページの通りです。

※1 バンパー広告
正確にはTrueViewと区別されるが、ここではYouTubeの動画広告として同様に扱う。

※2 GRP
「Gross Rating Point」の略で、「延べ視聴率」のこと。一定期間に視聴されたテレビCMの視聴率の合計。

YouTubeの動画広告の種類 〔図表61-1〕

インストリーム広告

ほかの動画の再生前や再生中に挿入される動画広告。再生開始から5秒が経過するとスキップできる。

長さ　　5秒〜3分程度（制限なし）
リンク先　外部サイトなど
費用　　30秒視聴（30秒未満の動画は最後まで視聴）、または動画に何らかの操作を行ったときに発生

バンパー広告

ほかの動画の再生前や再生中に挿入される、6秒以内の動画広告。ユーザーはスキップできない。

長さ　　6秒以内
リンク先　外部サイトなど
費用　　インプレッションで発生

ディスカバリー広告

関連動画や検索結果の一部として表示される、画像とテキストの広告。画像には動画のサムネイルが使われる。

リンク先　YouTube内の動画
費用　　クリックで発生

〔実施手順〕

① AdWordsで新しいキャンペーンを作成し、[動画] を選択する。
② キャンペーンの目標を選択する。[商品やブランドの購入促進] ではインストリーム広告とディスカバリー広告、[ブランド認知度とリーチ] ではバンパー広告を配信できる〔図表61-2〕。
③ キャンペーンのサブタイプとして [標準 - 視聴回数、エンゲージメント、購入の検討を促す] を選択する。
④ 広告グループや広告を作成する。広告にはYouTubeで公開済みの動画のURLを指定する。

[図表61-2]

ユーザーの気持ちに沿ってクリエイティブを変える

目的をブランド認知ではなく、コンバージョンの獲得に置いてCPAを重視する場合、ターゲティングやクリエイティブの工夫が必要になってきます。

ディスカバリー広告は検索広告に似ているため、比較的イメージしやすいでしょう。YouTube内で検索するユーザーは「何らかの面白い、ためになる動画を探している」人々で、その気持ちに沿ってクリエイティブを考えます。

リンク先は自社のYouTube動画となるため、広告の見出しや説明文は商品の宣伝ではなく、動画を見ることのメリット（課題解決や情報提供）を訴求しましょう。自分の意志でタップして動画を再生したユーザーに、まずは期待している内容を見せ、最後にさりげなく商品を紹介する流れが自然です。

一方、インストリーム広告やバンパー広告は、「今から別の動画を見ようとしている」人々に対して配信されます。インストリーム広告はスキップが可能になるまでの5秒間がもっとも重要で、その間に以降の動画を見るメリットを訴求します。バンパー広告は6秒間で勝負が決まるため、その後に即アクションしてもらえるくらい強力なメッセージを伝えましょう。

動画からランディングページへの遷移を促す

　ブランド認知なら動画の再生で目的が果たされますが、購入・登録を狙うには、ランディングページへの遷移を促すことも重要になってきます。これには「Call-to-Actionオーバーレイ」が有効です。

　AdWords側で動画を広告として登録すると、YouTube側で設定できるようになります〔図表61-3〕。動画の左下にアイコンとテキストのリンクを表示することで、クリック率の向上が期待できます。

〔図表61-3〕

YouTube側で動画に「Call-to-Actionオーバーレイ」を追加できる

ターゲティングのおすすめはプレースメント

　TrueViewではディスプレイ広告とほぼ同じターゲティング設定が可能ですが、中でも配信先の動画を指定する「プレースメントターゲット」がおすすめです。

　例えば、商品が葉酸サプリなら「マタニティヨガ」や「胎教」に関連した動画をプレースメントとして指定します。ほかにも、プロテインなら「ベンチプレスのフォーム」、グルコサミンなら「膝のストレッチ」などが考えられるでしょう。コンテンツターゲティングのキーワードと同様に、商品の代替手段などにも発想を広げていくと、再生回数の多い有望な動画に出会えるかもしれません。（辻井）

> **まとめ**
> クリエイティブが動画に変わっても、基本的な考え方は同じです。広告媒体として大成長したYouTubeを、新たな配信面として最大限に活用しましょう。

62
Gmail広告も魅力的な配信面

特殊なターゲティングと質の高い枠で獲得数を伸ばす

> 自社の広告を「メールの件名」のように表示するのがGmail広告です。広告の位置やユーザーの心理状況が絞られているメリットがありますが、課金のタイミングには注意が必要です。

位置にバラつきがなく、ユーザーの心理状況が明確

　AdWordsのディスプレイ広告における特殊な配信面として、メールサービスの「Gmail」があります。

　Webブラウザーまたはアプリで、受信トレイの「ソーシャル」か「プロモーション」のタブを選択しているときに、メール一覧の上部に表示されます。無料版のみで、企業向けの有料版「G Suite」には配信されません。

　通常のディスプレイ広告の多くはニュースメディアやブログに表示されますが、広告枠の位置や見やすさ、ユーザーの心理状況が異なるため、配信面の質にはバラつきがあります。

　それらと比べてGmail広告は、目に付きやすい場所に安定して表示されるだけでなく、「メールを確認するためにアクセスした」ユーザーに確実に配信されます。一定の質が保証されているという意味で、魅力的な配信面です。

　通常のキャンペーンとは分ける必要があり、新規の「Gmailキャンペーン」として作成します〔図表**62-1**〕。

[図表62-1]

費用が発生するタイミングには注意が必要

　Gmail広告では、まずメール一覧に見出しと説明文だけの広告が表示され、クリック（タップ）すると画像を含むクリエイティブ全体が表示されます[図表62-2]。さらにクリックするとランディングページが表示される形です。

　クリックに対して費用が発生するのは通常のディスプレイ広告と同じですが、Gmail広告ではメール一覧の広告をクリックした時点で課金される点に、特に注意してください。ランディングページに遷移するクリックではありません。

　ユーザーは気軽にクリックすると思われ、通常のディスプレイ広告と同じ感覚で上限クリック単価を設定すると、大変な費用がかかる可能性があります。慎重に設定し、通常のディスプレイ広告と合算して分析しないようにしましょう。

[図表62-2]

広告の見出しで成果が劇的に変わる

　メール一覧では「広告」と記載されますが、それ以外は通常のメールとほぼ同じ見た目になります。印象としては「新しいメールマガジンが届いた」に近いです。

　よって、開封されるかどうかはメールの件名＝広告の見出しで決まります。以下の画面は、筆者がGmail広告の見出しだけを変えてテストした結果です〔図表62-3〕。

　下段に比べて上段はクリック率（8.70%→10.28%）だけでなくコンバージョン率（0.29%→0.49%）も大幅に改善しており、見出しがパフォーマンスを大きく左右することが伺えます。開封されることはもちろん、その後に行動したくなるキャッチコピーを考えましょう。（辻井）

〔図表62-3〕

ステータス	掲載率	クリック数	表示回数	クリック率	平均クリック単価	費用↓	コンバージョン	コンバージョン単価	コンバージョン率
承認済み	53.16%	11,929	116,070	10.28%	¥3	¥41,380	59.00	¥701	0.49%
一時停止	46.60%	8,863	101,881	8.70%	¥3	¥28,718	26.00	¥1,105	0.29%

広告の見出しを変更したことでコンバージョン率まで改善している

まとめ

Gmail広告のキャッチコピーは、まさにメルマガが参考になります。思わず開封してしまったメルマガは、スクリーンショットを撮ってストックしておくと参考になります。

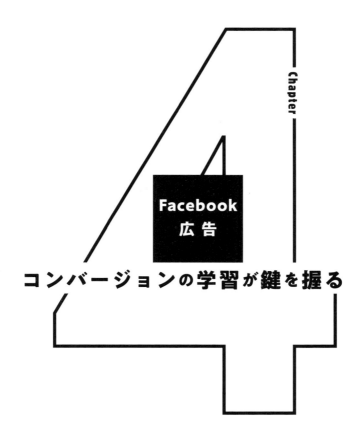

Chapter 4

Facebook広告

コンバージョンの学習が鍵を握る

63

Facebook広告で見るべき3要素と4指標

評価が高ければ「安く」「たくさん」配信できる

> Facebook広告は、Facebookに加えてInstagramにも広告を配信できるプラットフォームです。自社の広告が表示されるかはオークションによって決まり、それを左右する要素を知ることが最初の一歩となります。

Facebook広告の配信を決める要素は3つ

　Facebook広告およびInstagram広告(※1)は、AdWordsと同じく限られた広告在庫に複数の広告主が入札するオークション形式になっています。どの広告が実際に配信されるかは、以下と次ページの図表で解説する3つの要素に基づいて決定され、これらを理解することが効果的に運用するための前提となります〔図表63-1〕。

入札額

　オークションに入札する金額です。AdWordsの広告グループに相当する「広告セット」で設定します。
　標準では「最小コスト」に設定されており、「1日の予算」(※2)にあわせて調整されます。手動で金額を入力することもできますが、低い金額にするとほとんど配信されないため、特に意図がなければ標準のままにします。

広告の質と関連度

　広告の全体的な品質と、ターゲットとなるユーザーとの関連度を表します。

※1　Instagram広告
Facebook広告の配信先としてInstagramを選択すると掲載できる。Instagramは2012年よりFacebookによって提供されており、広告プラットフォームも統一されている。244ページも参照。

※2　1日の予算
広告セットごとに設定する1日の予算の上限額。256ページも参照。

Facebook広告の管理画面にある「広告マネージャ」で確認できる「関連度スコア」という指標が、この要素を主に左右します。関連度スコアは広告とターゲットの相性をスコアリングしたもので、広告に対して好意的なアクション[※3]があれば高まり、否定的なアクション[※4]があれば下がります。

推定アクション率

Facebook広告ではキャンペーンの作成時に「目的」を選択しますが、その目的を達成するアクションがユーザーによってなされる確率を示します。例えば、目的として「コンバージョン」を選択した場合、指定したコンバージョンが発生する見込みの確率となります。

将来の予測をするため、実績を積む、つまりコンバージョンを獲得することで向上していきますが、逆に獲得できていないと低下します。管理画面には表示されないため、広告運用者が具体的な数値を見ることはできません。

Facebook広告の配信を決める3要素 〔図表**63-1**〕

3つの要素に基づいて配信する広告を決定

入札額	広告の質と関連度	推定アクション率

オークションに入札する金額	広告の全体的な品質とユーザーとの関連度	コンバージョンなどが発生する見込みの確率

※3 **好意的なアクション**
広告のクリック、「いいね！」、シェア、コメントが該当する。

※4 **否定的なアクション**
ユーザーによる広告の非表示や、ランディングページが表示されない場合が該当する。

「広告の質と関連度」を左右する指標を見る

前述の3つの要素のうち、Facebook広告の配信を開始してから最初に注目すべきなのが、「広告の質と関連度」です。そして、この「広告の質と関連度」は以下に示す4つの指標によって左右されます。

- 関連度スコア
- 好意的な意見
- 否定的な意見
- CTR（リンククリックスルー率）

これらはいずれも、管理画面の「広告マネージャ」で具体的な数値や状態を確認できます。以下の実施手順で表示項目に追加し、配信開始時はもちろん、運用中にも確認するようにしてください。

〔実施手順〕

① Facebook広告の管理画面のメニューから［広告マネージャ］を選択する。

② ［広告］タブを表示し、［列］のプルダウンメニューから［列をカスタマイズ］を選択する。

③ ［関連度スコア］［好意的な意見］［否定的な意見］［CTR（リンククリックスルー率）］にチェックマークを付ける。

④ カスタマイズを適用し、追加した指標を確認する〔図表63-2〕。

〔図表63-2〕

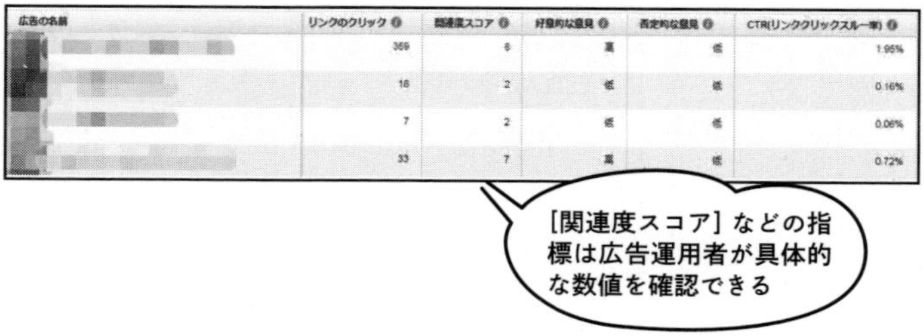

［関連度スコア］などの指標は広告運用者が具体的な数値を確認できる

まずは明らかに悪い状態をなくそう

　関連度スコアは「1」〜「10」の数値で表されますが、目安として「7」以上であればターゲットとの相性が良く、十分な効果があると判断できます。「4」〜「6」の場合は要注意で、あまり良い状態ではありません。「3」以下は広告の評価が悪く、ターゲティングや広告（クリエイティブ）の変更を検討します。これがFacebook広告の改善における基本戦略です。

　好意的な意見と否定的な意見は「高」「中」「低」の3段階で表されます。関連度スコアが高い、または低い原因を理解するうえで役立ちますが、否定的な意見には特に注意すべきです。

　否定的な意見が「高」の場合、広告の評価が低下して配信効率が悪くなるだけでなく、広告を出し続けることが自社ブランドの毀損につながる可能性があります。そのため、配信を停止するのが通常の判断ですが、まれにコンバージョン率が高いことがあり、その場合は受け入れられるユーザーだけに配信されるようにします。

　CTR（リンククリックスルー率）は、まずは「1%」を目標にしましょう。関連度スコアが高ければ1%を下回っていても現状維持でいいのですが、ターゲティングもしくはクリエイティブを見直したほうがベターと言えるでしょう。（高瀬）

Facebook広告ではユーザーとの関連性や意見が重視されるよ！

> **まとめ**
> Facebook広告の配信を開始したら、まずは関連度スコア「7」以上を目指すのが基本戦略です。これは以降の施策を検討するうえでの大前提と考えてください。

64 とにかく週50件の コンバージョン獲得を目指せ

最適化のための「Facebookに学習させる」ステップを踏む

> AdWordsと同様、Facebook広告でも機械学習の活用が成果を伸ばす鍵を握っています。コンバージョンデータを十分に蓄積し、配信の最適化が行われる状態を目指しましょう。

一定数のコンバージョンで機械学習が円滑に働く

　Facebook広告の施策では、コンバージョンを週50件獲得することを最初の目標とすべきです。これが達成されることで機械学習が円滑に働き、「いかにしてコンバージョンを効率的に獲得するか？」という視点で、配信の最適化が行われていきます。

　何をコンバージョンとするかは、広告マネージャでキャンペーンを作成するときに選択した「目的」によって異なります。目的には「ブランドの認知度アップ」「トラフィック」などの種類がありますが、もっとも頻繁に使うのが「コンバージョン」です。

　この目的「コンバージョン」では、自社サイトの全ページに挿入したFacebookピクセル(※)に基づく「カスタムコンバージョン」を作成し、それをコンバージョンとして計測するのが一般的です。カスタムコンバージョンには、サイト内の購入完了ページや登録完了ページのURLなどを設定します。広告運用者が指定したカスタムコンバージョンのみを最適化できるのは、AdWordsにはないFacebook広告ならではの強みです。

※ Facebookピクセル
Facebook広告におけるコンバージョンの計測とリターゲティングの実施に必要なタグのこと。配信の最適化にも使用されるので、必ずサイト内の全ページに挿入する。

カスタムコンバージョンの作成と目的の選択は、以下の手順で行います。目的「コンバージョン」は利益(リターン)を意識した成果としてもっとも適切であるため、本章では以降も「コンバージョン」を選択したことを前提として解説していきます。

[実施手順]

① Facebook広告の管理画面でピクセルを作成し、取得したコードをサイト内の全ページに挿入しておく(23ページを参照)。
② 管理画面のメニューから[カスタムコンバージョン]を選択する。
③ カスタムコンバージョンを作成し、購入完了ページのURLなどを指定する〔図表**64-1**〕。
④ 新しいキャンペーンを作成し、マーケティングの目的で[コンバージョン]を選択する〔図表**64-2**〕。
⑤ コンバージョンとして、③で作成したカスタムコンバージョンを選択する。

〔図表**64-1**〕

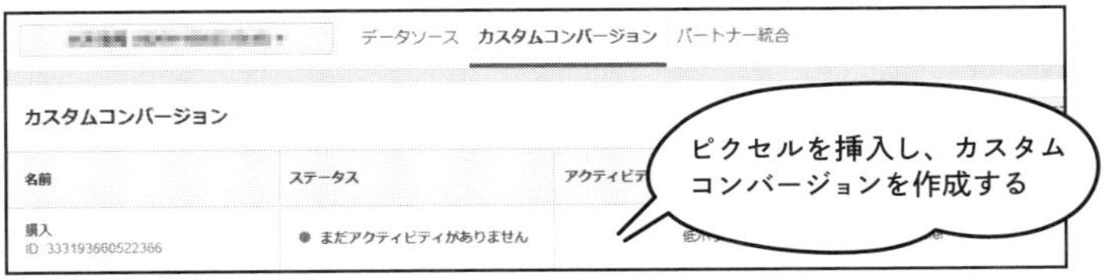

〔図表**64-2**〕

「推定アクション率」の向上にも必要

週50件のコンバージョンは、キャンペーンの配下にある広告セット単位での獲得を目指します。この件数は機械学習を円滑に働かせるために必要であると同時に、Facebook広告の評価を決める要素の1つである「推定アクション率」を高めるためにも必要です。

コンバージョン数が週50件に満たない場合、広告の配信量が減少し、さらにコンバージョンが獲得できなくなる可能性があります。その後も配信量が減っていくと、最終的に停止されることもあるので注意しましょう。逆に、週50件のコンバージョンを維持できれば、安定的にコンバージョンを獲得できる状態になりやすいと言えます。

達成が難しければマイクロコンバージョンに切り替える

ただ、いきなり週50件のコンバージョンを獲得できるのはレアケースかもしれません。思うように増えない場合、マイクロコンバージョンへの変更を検討しましょう（168ページを参照）。

「購入完了」では週50件の獲得が難しくても、カスタムコンバージョンを「カート投入」に切り替えることで達成できるかもしれません。それで売り上げが増えるわけではありませんが、Facebook広告の最適化のためには意味があり、Facebookとしてもマイクロコンバージョンの設定を推奨しています。

最終コンバージョンが会員や資料請求などの「登録完了」の場合、マイクロコンバージョンは「入力フォーム表示」、つまりランディングページの表示と同義になります。この場合は広告セットの設定で最適化対象を「ランディングページビュー」または「リンクのクリック」に設定することで学習データを確保します〔図表64-3〕。

〔図表64-3〕

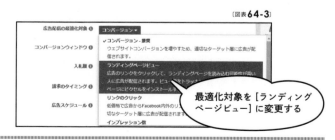

最適化対象を[ランディングページビュー]に変更する

最低限必要な予算を設定しておく

　広告セットあたりの「1日の予算」を何となく設定しているなら、それも見直してください。ある程度のコンバージョンが発生していれば、広告マネージャでコンバージョン単価（CPA）を確認できます。その金額から最低限必要な予算を逆算しましょう。

　例えば、コンバージョン単価が3,000円であれば「50件×4週×3,000円＝600,000円」が、1か月に必要な予算です。そして「600,000円÷30日＝20,000円」が、1日の予算として適切な金額になります。

　また、予算の詳細オプションにある「コンバージョンウィンドウ」も確認しましょう。これは広告をクリックしてからコンバージョンを計測するまでの期間を指し、AdWordsでは30日間ですが、Facebook広告では4種類から選択できます。「7日間のクリックまたは1日間のビュー」にすると、もっともコンバージョンの件数が多くなります〔図表**64-4**〕。

　ここでは全体像を解説しましたが、ターゲティングやクリエイティブ、広告セットの構成などもコンバージョン獲得に影響します。次節以降で紹介する個別の施策もあわせて参照してください。（高瀬）

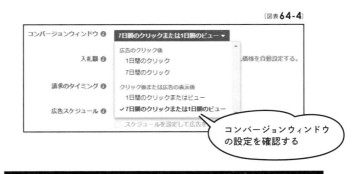

〔図表**64-4**〕コンバージョンウィンドウの設定を確認する

> **まとめ**
> Facebook広告では、データを学習させて最適化するステップがとにかく大切です。週50件を獲得できるアクションをコンバージョンに設定しましょう。

65
動画のクリエイティブは最初に再生数を稼ぐ

質の高いオーディエンスリストを作るための下準備

> Facebook広告におけるキャンペーンの目的は、原則「コンバージョン」を選択しますが、いくつかの例外もあります。クリエイティブを動画にするときは「動画の再生数アップ」から始めるのが有効です。

最終コンバージョンの前に再生数アップを狙う

　Facebook広告で動画を活用したい場合、キャンペーンの目的を最初から「コンバージョン」にするのではなく、「動画の再生数アップ」を選択することをおすすめします。

　Facebookをユーザーの立場で使っていると、最近は動画の広告が増えたと感じる人は多いのではないでしょうか？ ニュースフィードの視認範囲に入った時点で自動再生されるため、つい目を留めてしまうことがあると思います。

　一方、広告運用者の立場からすると、動画は制作の手間がかかるクリエイティブです。コストをかけた分、1本1本の成果をできるだけ高めたいところです。

　動画を認知度アップではなく、自社サイトでの会員登録や資料請求といったコンバージョンの獲得に使う場合、キャンペーンの目的である「動画の再生数アップ」を有効活用できます。これは最終的に目的を「コンバージョン」に切り替え、成果を目指すための下準備と考えてください。

実施手順

① Facebook広告の管理画面で新しいキャンペーンを作成し、マーケティングの目的で［動画の再生数アップ］を選択する。
② 広告の設定にある［メディア］から動画をアップロードするか、Facebookページのライブラリにある動画を選択する〔図表**65-1**〕。

〔図表**65-1**〕

Facebookページで公開している動画は［ライブラリを閲覧］から選択できる

予想以上に再生されたとしても費用は安価

　アップロードしたばかりの再生数が少ない動画は、「コンバージョン」を目的としたキャンペーンでいきなり使っても効果は期待できません。そこで、再生自体がコンバージョンとなる「動画の再生数アップ」で、まずは再生数を増やすことに注力します。

　費用面でも動画の再生単価は1～5円程度なので、1,000回再生されても1,000～5,000円で済みます。それで1,000回のコンバージョン（再生数）が蓄積でき、「どのようなユーザーが動画を再生したか」をFacebookが学習してくれると考えれば安いものです。

　なお、「動画の再生数アップ」のキャンペーンのターゲティングには、後述する優良顧客の類似オーディエンス[※1]を選択するのも有効です。質の高いオーディエンスから、さらに質の高いユーザーを選び出すような形になります。

※1　類似オーディエンス
Facebook広告におけるターゲティング手法の1つで、基になるオーディエンスと類似した特徴を持つユーザーから構成される。204ページを参照。

「動画を見た人に似たユーザー」にターゲティングする

再生数を蓄積できたら、動画を再生したユーザーに基づく「カスタムオーディエンス」を作成します。管理画面の「オーディエンス」から作成でき、実施手順は下記を参照してください。

〔実施手順〕
① Facebook広告の管理画面のメニューから［オーディエンス］を選択する。
② ［オーディエンスを作成］から［カスタムオーディエンスを作成］を選択する。
③ ［エンゲージメント］を選択する〔図表65-2〕。
④ ［動画］を選択したあと、エンゲージメントの種類を選択してオーディエンスを保存する〔図表65-3〕。

動画を再生したユーザーには何らかの傾向があり、その傾向を持つユーザーは、同じ動画を使った広告にも反応しやすいはずです。今度はキャンペーンの目的を「コンバージョン」に切り替え、作成したオーディエンスを対象として広告を配信すれば、会員登録や資料請求などの獲得が期待できるというわけです。

Facebook広告において、動画に関するオーディエンスの基準となるエンゲージメント[※]は以下の2つに大別できます。

- **動画を○秒**（3秒/6秒）**以上再生したユーザー**
- **動画を○％**（25%/50%/75%/95%）**以上再生したユーザー**

すべての「秒」と「％」のバリエーションを網羅しても6種類なので、全種類のオーディエンスを作成しておくといいでしょう。さらに、それらから類似オーディエンスを作成し、目的「コンバージョン」でのターゲティングに利用します。

なお、筆者は30秒前後の動画をよく使いますが、動画を75％以上、もしくは95％以上再生したユーザーから作成したオーディエンスが、もっともパフォーマンスが高くなりました。（高瀬）

※2　エンゲージメント
動画の再生や「いいね！」、コメントなど、ユーザーから広告主への好意的なアクションのこと。広告主とユーザーとの「絆」のような意味合いで使われる。

〔図表65-2〕

〔図表65-3〕

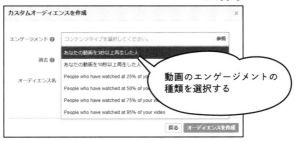

> **まとめ**
> ここで作成した動画のオーディエンスを基に、リターゲティングを実施するなどのアイデアも考えられます。動画の内容に応じて、いろいろな使い方を試してみてください。

66

資料請求やセミナー集客には
リード獲得広告

Facebookページ内のフォームで見込み客の情報を得る

> キャンペーンの目的で「コンバージョン」以外を選ぶケースとして、Facebook内でのリード獲得を目指す施策も挙げられます。ユーザーが登録している情報をフォームに流用でき、高い獲得率が期待できます。

広告の表示からフォームの入力までがFacebookで完結

商品に関する資料請求やメルマガ登録、セミナーへの参加申し込みなどを通じて、リード（見込み客）を獲得したい企業が増えています。そうした目的で使えるのが「リード獲得広告」です。

ユーザーが自分のフィードに表示されたリード獲得広告をクリックすると、Facebookの登録情報（名前やメールアドレスなど）があらかじめ入力された状態のフォームが立ち上がります。ほかの項目に回答して入力を完了すると、その内容を広告主が取得できる仕組みです。

通常、広告からリードを獲得するにはランディングページ内のフォーム（※1）を利用しますが、リード獲得広告では広告の表示からフォームの入力までがFacebook内で完結します。読み込みが速く、遷移が発生しない分、離脱を抑える効果があります。

また、名前などもFacebookの登録情報から自動入力されるため、特にスマートフォンでの回答が楽になり、コンバージョン（入力完了）率が高まります。入力する項目数や内容にもよりますが、筆者の経験では数十％のコンバージョン率が十分狙えます。

※1 ランディングページ内のフォーム
リード獲得広告とランディングページ内のフォームの比較については262ページを参照。

実施手順

① Facebookページの管理画面を表示し、[投稿ツール]の[フォームライブラリ]から新しいフォームを作成する〔図表66-1〕。
② フォームの「イントロ」「質問」「感謝スクリーン」などを設定し、フォームを保存する〔図表66-2〕。
③ Facebook広告の管理画面で新しいキャンペーンを作成し、マーケティングの目的で[リード獲得]を選択する。
④ 広告の設定で[リード獲得フォーム]を表示し、作成したフォームを選択する。

〔図表66-1〕

〔図表66-2〕

納得感のある事前説明を心がける

　Facebookページで作成できるリード獲得フォームは、以下の図ののような構成になります〔図表66-3〕。「イントロ」は画像とタイトル、説明で構成され、資料やセミナーの内容、ダウンロード・参加するメリットなどを伝えます。ユーザーが個人情報を提供することの納得感が感じられる訴求を重視しましょう。

　「質問」ではなるべく多くの項目を聞きたくなりますが、多いほどコンバージョン率は低下します。項目数を変えたフォームも用意し、テストしてみるのもいいでしょう。フォームの末尾に入る「プライバシーポリシー」のリンク設定は必須で、自社サイトにあるページのURLを入力します。

リード獲得広告（フォーム）の構成　〔図表66-3〕

イントロ

画像
1,200×628ピクセルを推奨。

タイトル
短く、訴求力のある見出しを付ける。

説明
「箇条書き」と「段落」を選択できる。怪しいフォームには個人情報を送りたくないと考えるのが自然。以下のポイントを意識して作成する。

・ユーザーが情報提供する納得感
・いますぐに登録するメリット

質問

ユーザーがFacebookに登録している情報が自動入力された状態で表示される。左記はBtoBセミナーの例のため項目数が多めだが、減らせば減らすほどコンバージョン率は高まる。

プライバシーポリシー

自社サイトのプライバシーポリシーページのURLを必ず設定する。

サンクスメールの自動送信には外部ツールが必要

　魅力的な点が多いリード獲得広告ですが、標準機能では「即座にサンクスメールを送信できない」のが残念なところです。例えば、資料請求フォームに入力したユーザーに対して自動的にメールを送信し、ダウンロードページを知らせることができません。

　標準機能の範囲では、フォームの「感謝スクリーン」(入力完了ページ)から自社サイト内のダウンロードページなどにリンクを張ることで、サンクスメールの代わりにします〔図表66-4〕。もしくは、Facebookページの管理画面からフォームの入力情報(※2)をダウンロードし、サンクスメールを手動で送信します。

　サンクスメールを即座かつ自動で送信したい場合は、SalesforceやMarketoなどのCRM(※3)ツールと連携するか、次節で解説する「Zapier」などの外部ツールの利用を検討しましょう。(高瀬)

リード獲得広告(感謝スクリーン)の構成　〔図表66-4〕

感謝スクリーン
標準機能ではフォーム入力完了後にサンクスメールを送信できない。資料ダウンロードページや申込者限定のページを用意してリンクを設定し、そちらへ誘導する見出し／説明にする。

> **まとめ**
> リード獲得広告に初めて取り組む際には、メール送信の自動化まで準備する必要はないと思います。まずは手軽に始めて、必要になったらツールとの連携を検討しましょう。

※2　**フォームの入力情報**
Facebookページの管理画面からフォームの入力情報を得る場合、ユーザーの送信から90日間以内にダウンロードする必要がある。

※3　**CRM**
「Customer Relationship Management」の略で、「顧客関係管理」と訳される。

67

リード獲得広告で サンクスメールを送る

外部ツール「Zapier」で機能を拡張できる

> 資料請求やセミナー集客のフォームに入力してくれたユーザーに、サンクスメールを送信したいニーズは多いはずです。Facebook広告と連携できるサードパーティのツールを活用しましょう。

リードへのサンクスメールをGmailから送信

前節で述べた通り、リード獲得広告の標準機能ではサンクスメールを送信できませんが、それを解決できる外部ツールに「Zapier」[※1]があります。サンクスメールを重視するなら導入しましょう。ZapierではFacebook広告で獲得したリードに対して、以下のようなタスクを自動的に実行できます。

- Gmailからサンクスメールを送信する
- メールやチャットツールで自分宛てに通知する
- Googleスプレッドシートにリード情報を書き込む
- SalesforceなどのCRMにリード情報を書き込む

本書執筆時点ではすべて英語であり、リード獲得広告との連携には有料プラン(月額20ドルから)に申し込む必要がありますが、とにかく簡単に連携が可能です。Gmailからサンクスメールを送信する方法を、次ページの実施手順に示します。

※1 Zapier
https://zapier.com/

〔実施手順〕

① ZapierのWebサイトでアカウントを作成し、アプリの一覧から［Facebook Lead Ads］をクリックする。

② タスク（Zaps）の一覧から［Send emails from Gmail for new Facebook Lead Ads leads］を選択する。

③ Facebookにログインし、アカウントを連携する。

④ Facebookページと、リード獲得広告のフォームを指定する〔図表**67-1**〕。

⑤ Gmailにログインし、アカウントを連携する。

⑥ サンクスメールの文面を作成する。リードのメールアドレスや名前などは、［Insert a Field］ボタンから［Email］［Full Name］などを選択するとZapierの変数を指定でき、フォームの入力情報と連動したアドレスや名前などが挿入される〔図表**67-2**〕。

⑦ ［Show advanced options］から詳細設定を開き、［From］で送信元のメールアドレスを指定する。連携したGmailで使用可能なアドレスから選択できる〔図表**67-3**〕。

〔図表**67-1**〕

連携したFacebookアカウントのページとフォームを選択できる

〔図表67-2〕

Set up Gmail Email
Setup Preview Learn more
ON
To (optional)
Who will this email be sent to? Click the + button to add another email addr
in one field with a comma eg. test@example.com,example@example.com
Step 1 test@fb.com
Subject (required)
セミナー申込完了のお知らせ
Body (required)
Step 1 test lead: dummy data for full_name 様
この度は弊社セミナーにお申し込みいただき、ありがとうございました
詳細につきましては、後日メールにてご案内いたします。
Show advanced options
Refresh Fields
Continue
リードのメールアドレスを変数で指定する
本文の書き出しを「○○様」などにする場合、リードの名前を変数で指定する

〔図表67-3〕

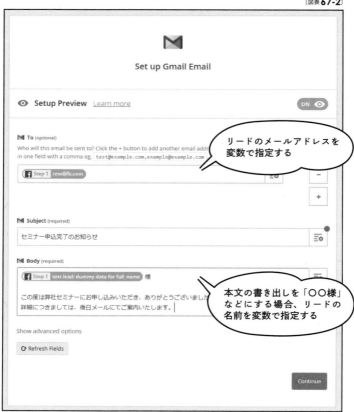

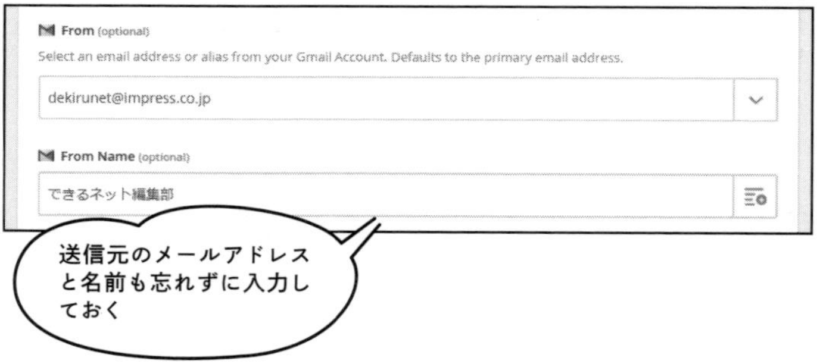
From (optional)
Select an email address or alias from your Gmail Account. Defaults to the primary email address.
dekirunet@impress.co.jp
From Name (optional)
できるネット編集部
送信元のメールアドレスと名前も忘れずに入力しておく

Facebookのテストツールで挙動を確認しておく

　Zapierでの設定後、Facebook側での動作確認には「リード獲得広告テストツール」(※2)を使います。Facebookページとフォームを選択し、自分をリードとして登録するだけです〔図表67-4〕。Zapierで設定したGmailからのサンクスメールが正しく届くか確認しましょう。

　Zapierの最大のメリットは、高価なCRMツールと連携しなくても、リード獲得からサンクスメールの送信までを自動化できる点にあります。Facebookに限らず、SlackやTwitterなどさまざまツールと連携できるので、業務効率化に取り入れてみてください。

　注意すべき点としては、月額20ドルの「STARTER」プランでは一連のタスクの実行頻度が15分おきとなるため、リード登録完了からサンクスメール送信までに若干のタイムラグが発生することです。また、何らかの不具合でタスクが実行されなかった場合、リトライ(再実行)も行われません。

　月額50ドルの「PROFESSIONAL」プランでは、タイムラグは5分以内に抑えられ、エラー時には自動的にリトライします。(高瀬)

〔図表67-4〕

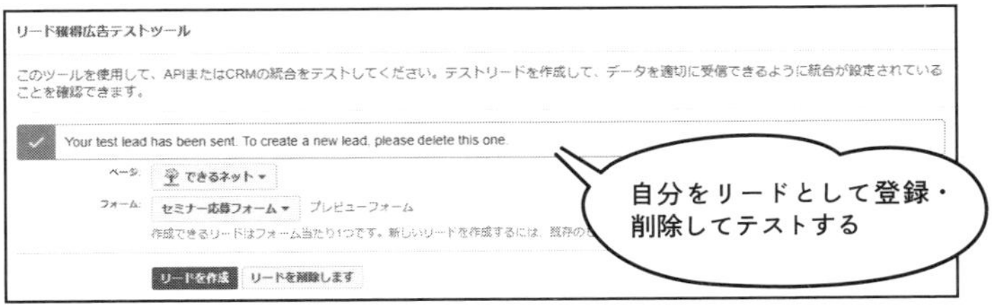

自分をリードとして登録・削除してテストする

> **まとめ**
> Zapierは大変便利なので、リード獲得広告を継続して使いたい場合は導入するといいでしょう。獲得したリード情報を自動的にエクスポートする目的でも役立ちます。

※2　リード獲得広告テストツール
https://developers.facebook.com/tools/lead-ads-testing/

68

王道はリターゲティングと類似オーディエンス

Facebook広告におけるオーディエンス選定の考え方

> Facebook広告におけるターゲティング手法について、大きな視点から理解しましょう。特に重要なのが、自社の顧客リストなどを基に配信対象となるユーザーを選出する「類似オーディエンス」です。

誰に広告を配信すれば成果が出やすいのか?

Facebook広告では、ターゲットとなるユーザー=オーディエンスの選定について、王道と呼べる考え方があります。

もちろん、サイトや商品によってターゲットはさまざまなので、どのようなケースでも成果の出るオーディエンスは存在しません。しかし、効果の出やすいオーディエンスとして、以下の2つを併用することが基本戦略になってきます。ぜひ覚えておいてください。

・サイト訪問ユーザーへのリターゲティング

・優良顧客などから作成した類似オーディエンス

なぜこの2つが重要なのかはFacebookがSNSであることと関係しているよ

まず実施すべきはリターゲティング

　以下の図は、Facebook広告で作成できる主なオーディエンスリストを、購入に至るステージごとにマッピングしたものです〔図表**68-1**〕。

　Facebook広告に取り組む初期や新商品のキャンペーンなどで、単純にコンバージョンを増やすのが目的であれば、検討層のオーディエンスにアプローチすると成果が上がりやすいでしょう。中でも効果的なのが、自社サイトを訪問したことがあるユーザーや、特定のページを見たユーザーへのリターゲティングです。

　しかし、Facebook広告ではリターゲティングだけやっていると、すぐに効果が出なくなります。自社サイトの新規ユーザーが増えなければオーディエンスの新陳代謝が起こらず、同じ人にひたすら広告を出し続けることになるからです。目的が「コンバージョン」の場合、コンバージョンが取れなくなると広告の評価が下がっていくため、最終的には配信が停止するおそれもあります。

ユーザーのステージに適したオーディエンスリスト　〔図表**68-1**〕

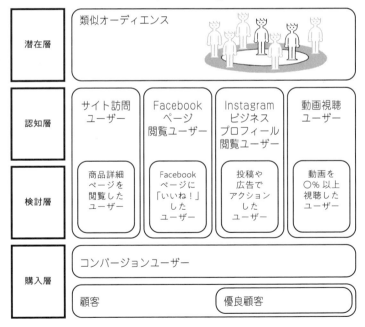

類似オーディエンスを作成して拡大を狙う

　そこで活用したいのが「類似オーディエンス」です。世界最大のSNSであるFacebookの強みであり、Facebook広告においてもっとも重要な機能と言ってもいいでしょう。

　類似オーディエンスはその名の通り、基になるオーディエンス（ソースオーディエンス）に類似した特徴を持つユーザーをFacebook上で探し出し、広告のターゲティングを可能にします。特徴には年齢・性別、居住地といったデモグラフィックのほか、興味・関心などの心理状況も含まれます。

　例えば、自社の商品を何度も購入したことのある優良顧客には、「ファッションに興味を持つ30代前半の男性」が多かったとします。この優良顧客のリストをソースとして類似オーディエンスを作成すると〔216ページを参照〕、Facebook上にいる「ファッションに興味を持つ30代前半の男性」のうち、優良顧客のリストに含まれない人にターゲティングできるという具合です〔図表 **68-2**〕。

　類似オーディエンスにより、自社の顧客として有望でありつつも、まだ広告を配信できていない人をターゲティングできるようになります。まずは優良顧客や既存顧客の類似オーディエンスから開始して、Facebook広告のコンバージョンユーザー、サイト訪問ユーザーなどへと広げていくといいでしょう。

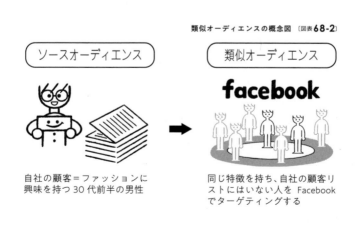

類似オーディエンスの概念図　〔図表 **68-2**〕

広告を配信する必要のないユーザーを除外する

オーディエンスの設定時に、意外と忘れがちなのが「除外」です。例えば、リピート購入がありえない商品の既存顧客に、同じ商品の広告を出し続けても仕方がありません。既存顧客のリストを用意し、それに含まれるユーザーを除外することで、ムダな費用をかけずに広告を配信できます。

以下の画面は、優良顧客の類似オーディエンスにターゲティングしつつ、既存顧客のリストに一致するユーザーを除外した例です〔図表**68-3**〕。優良顧客に似たユーザーには既存顧客が含まれる可能性が高いため、こうした除外設定には意味があります。

既存顧客のリストはCSVファイルなどでFacebookにアップロードしますが、当然ながら、次第に古くなっていきます。今日以降に商品を購入したユーザーはリストに含まれないため、キャンペーンを続ける限り、広告が配信されてしまいます。こまめに更新して再アップロードし、除外の設定が保たれるようにしましょう。（高瀬）

〔図表**68-3**〕

既存顧客のリストをオーディエンスから除外している

> **まとめ**
> SNSであるFacebookは、ユーザーのデモグラフィックや心理状況に基づくターゲティングが強みです。この強みを最大限に利用し、高い成果を目指しましょう。

69

「いいね！」した人こそターゲティングしよう

重要な情報は広告として配信し、確実なリーチを狙う

> Facebook広告の配信対象として、自社の公式Facebookページに「いいね！」している人は後回しにされがちかもしれません。しかし実は、優先的に広告を届けるべきターゲットとなります。

通常投稿ではリーチがまったく足りない

　自社の公式Facebookページに「いいね！」してフォローしているユーザーは、商品やサービスのファンであると考えられます。そうした人々に情報が届かないのは明らかな機会損失となるので、積極的に広告を配信すべきです。

　「Facebookページをフォローしているのだから、通常の投稿でリーチ(※1)できるのでは？」と思うかもしれません。確かに、Facebookページをフォローすれば、そのページからの通常投稿がユーザーのニュースフィードに表示されるようになります。しかし、実際には配信量がまったく足りていません。

　本書執筆時点では、Facebookページからの通常投稿のリーチ率は、平均して20％前後と言われています。つまりフォロワー数が1,000人いても、Facebookページからの通常投稿は200人程度にしかリーチせず、残りの800人には表示されません。実際にリーチするかどうかは内容やエッジランク(※2)によっても変わりますが、フォロワーに必ず投稿が表示されるとは限らないのです。

※1　リーチ
Facebookページからの投稿がフォロワーのニュースフィードに表示されること。

※2　エッジランク
Facebookのニュースフィードに表示する投稿をユーザーごとに最適化するアルゴリズムのこと。「いいね！」やコメントを頻繁に付けている相手はエッジランクが高く、投稿が表示されやすくなる。

「いいね！」したユーザーをオーディエンスに

　Facebookは企業からの投稿を通常のニュースフィードとは別のフィードに表示する機能をテストしており、近い将来、商用コンテンツと個人的なコンテンツのフィードが分割される可能性もあります。Facebookページからの通常投稿のリーチ率は、ますます低下するかもしれません。

　よって、フォロワーに特に見てほしい重要な情報は、通常投稿に加えて広告も配信するといいでしょう。ターゲティングの実施手順は以下の通りで、こうしたFacebookの利用者データに基づくターゲットユーザーは「コアオーディエンス」と呼びます。

［実施手順］

① Facebook広告の管理画面で、広告セットの設定にある［ターゲット］を表示する。
② ［つながり］から［Facebookページ］→［あなたのページに「いいね!」した人］を選択する。
③ 入力欄に自社が管理しているFacebookページの名前を入力し、追加する〔図表69-1〕。
④ 既存顧客のリストやコンバージョンユーザーを除外しておく。

〔図表69-1〕

「つながり」で自社のFacebookページを指定する

「広告配信の最適化対象」の設定に注意

　注意点として、キャンペーンの目的が「コンバージョン」の場合、ここで解説したターゲティングでは最適化対象（190ページを参照）を「コンバージョン」以外にしたほうがいいでしょう。理由は以下の3つがあります。

- ターゲットユーザーのボリュームが限られるため、最適化のために必要なコンバージョン数が不足する可能性がある
- フリークエンシーが高まると、広告の非表示などの否定的なアクションが発生しやすい
- 「いいね！」しているユーザーはリーチさえできればコンバージョンする可能性が高く、コンバージョンで最適化する必要性が低い

　おすすめの設定は「ランディングページビュー」です。これは広告をクリックし、ランディングページを訪問する可能性が高い人に広告を配信する設定です。配信中はフリークエンシーが高まっていないか（目安として2.0以上）、否定的なアクションが「中」や「高」になっていないかを確認します。

　それらの傾向が見られるなら、十分にリーチしたと考えて配信を停止します。配信を続けたい場合は、最適化対象を「デイリーユニークリーチ」に切り替えるといいでしょう。これはターゲットへの広告配信を1日1回までに抑える設定で、フリークエンシーの高まりを気にする必要がありません。手軽に実施したい場合は、最初からデイリーユニークリーチで最適化するのも手です。（高瀬）

まとめ

「いいね！」したユーザーに広告なんてもったいない、と思われがちですが、実は広告を出さないほうがもったいないのです。ぜひターゲットに加えてください。

70
自社サイトのユーザーを Facebookで見つける

リターゲティングはFacebook広告でも費用対効果が高い

> 自社サイトの既訪問ユーザーを、ほかのサイトではなくSNSの中で捕捉できるのがFacebook広告の面白いところです。否定的な評価が高まらないように注意しつつ、積極的に配信しましょう。

サイト訪問ユーザーをピクセルで識別

　リターゲティングはディスプレイ広告の定番ですが、Facebook広告でも王道の施策であり、優先的に取り組むべきです。

　AdWordsではリマーケティングタグやGoogleアナリティクスとの連携によって既訪問ユーザーを識別し、ユーザーリストを作成しました。Facebook広告では自社サイトの全ページにピクセルを挿入したうえで、カスタムオーディエンスを作成してリターゲティグを実現します。実施手順は次ページ以降で解説します。

　サイトを訪問してからオーディエンスに保持する日数は、標準で30日、最大で180日を指定できます。筆者は30日を通常用、180日をイベント用（単発のセールや大規模なセミナーなど）として、2つのカスタムオーディエンスを作成して使い分けています。

Facebookでどんな情報を届けたら喜ばれるのか、よく考えないとね

(実施手順)

① Facebook広告の管理画面のメニューから［オーディエンス］を選択する。
② ［オーディエンスを作成］から［カスタムオーディエンスを作成］を選択する。
③ ［ウェブサイトトラフィック］を選択する。
④ 自社サイトに挿入したピクセルと［ウェブサイトにアクセスしたすべてのユーザー］を選択し、過去何日間のユーザーをオーディエンスに含めるかを指定する〔図表**70-1**〕。

〔図表**70-1**〕

サイト滞在時間が長いオーディエンスも作っておく

　この実施手順で選択した「ウェブサイトにアクセスしたすべてのユーザー」は、既訪問の全ユーザーをオーディエンスにします。ほかにも「ウェブサイトに滞在した時間別のビジター」という設定があり、自社サイトでの滞在時間が長い、つまりコンテンツをよく見ている質の高いユーザーをリスト化できます〔図表**70-2**〕。

　ただ、その場合はサイト訪問ユーザーから一部を選出する形になるため、件数がかなり絞られます。類似オーディエンスを作成して配信するのがベターです。後述する優良顧客やコンバージョンユーザーの類似オーディエンスを作れない場合の代替手段にもなるので、ぜひ覚えておいてください。

〔図表 **70-2**〕

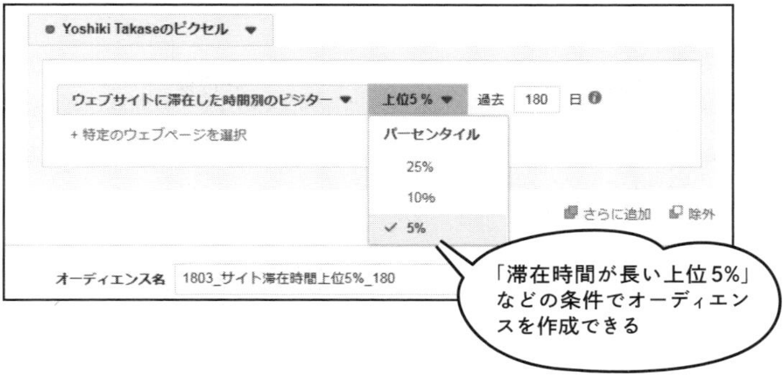

「滞在時間が長い上位5%」などの条件でオーディエンスを作成できる

複数の媒体で同時にリターゲティングする場合の注意点

　前章ではAdWordsのディスプレイ広告におけるリターゲティングについて述べましたが、ほかの広告ネットワークとFacebook広告の両方からリターゲティングを行った場合、配信効率が落ちるケースがあるため注意が必要です。

　筆者が以前担当したアカウントでは、AdWordsだけでリターゲティングを実施していたときは調子が良かったものの、Facebook広告でもリターゲティングを開始したところ、AdWordsの成果が下がっていく傾向が見られました。これはユーザーが重複していたために、AdWordsで獲得するはずだったユーザーをFacebook広告で獲得してしまったからだと考えられます。

　このケースではAdWordsのリターゲティングを残し、Facebook広告のリターゲティングは停止して類似オーディエンス（新規ユーザー中心）で獲得するという棲み分けを行うことで解決しました。AdWordsとFacebook広告で同時にリターゲティングを実施する場合は、それぞれの成果に変化がないかも確認してください。（高瀬）

> **まとめ**
> Facebookはユーザーの不快感に敏感なので、否定的な意見は定期的に確認すべきです。長期間の配信を行うことでも高まりやすい印象があります。

71
詳細なリターゲティングは リストのサイズに注意

閲覧ページ別は有効だが、小さすぎると逆効果になる

> サイト内の閲覧ページによってターゲティングを分ける施策は、Facebook広告でも有効です。しかし、配信対象がかなり限られるため、オーディエンスサイズや過剰配信に注意する必要があります。

サイト内のカテゴリごとにオーディエンスを分ける

サイト訪問ユーザーに対するFacebook広告のリターゲティングの成果をさらに高めるアイデアとして、「サイト内のどのページを閲覧したか」によってオーディエンスを分け、それぞれにあった広告配信を行う方法があります。

トップページを見た人、商品詳細ページを見た人、「お客様の声」ページを見た人では、同じ既訪問ユーザーでも興味の対象や検討の深さが異なります。こうしたサイト内のカテゴリ別リターゲティングは、カテゴリを識別するURLを条件としたカスタムオーディエンスを作成することで実施します〔図表71-1〕。

配信対象が1,000人以下なら要検討

カテゴリ別リターゲティングでは、オーディエンスサイズに特に注意が必要です。サイト訪問ユーザーをさらにカテゴリで絞り込むことになるため、もともと訪問数が少ないサイトでは、リストの件数が非推奨となる1,000人を下回る可能性があります。

GDNの豊富な配信面を対象とするAdWordsのディスプレイ広告とは異なり、Facebook広告では主にニュースフィードが対象となるため、1人のユーザーに広告が過剰に表示されるおそれがあります。それでは逆効果となるため、類似オーディエンスのソースとして使うことを検討しましょう。

　また、オーディエンスの重複にも気を配ってください。例えば、商品詳細ページを見た人と「お客様の声」ページを見た人で別々のオーディエンスを作成した場合、その両方のページを見た人は、2つのオーディエンスに重複して存在することになります。これは配信を不安定にする原因となるため、ターゲティングの除外設定を使って重複を避けるようにします。(高瀬)

〔図表 71-1〕

サイト内のカテゴリを識別するURLを指定する

> **まとめ**
> まずはすべてのサイト訪問ユーザーへのリターゲティングから始めてみて、それが好調であれば、カテゴリ別リターゲティングに取り組むのがセオリーです。

72
まだ顧客ではない「顧客に似た人」を探せ

重要機能「類似オーディエンス」を活用する最優先施策

> 個々のユーザーについて豊富な情報を持つFacebookでは、「類似オーディエンス」の活用が大きな成果に結びつきます。その基になるデータとしてもっとも重要なのが、自社の優良顧客のリストです。

メールアドレスや電話番号の一覧をアップロード

商品をリピート購入している人、サービスを長期間利用している人など、自社にとっての優良顧客のリストが整備されているなら、Facebook広告では最優先でこの施策に取り組むべきです。

優良顧客の類似オーディエンス（216ページを参照）を作成してFacebook広告でターゲティングすることで、有望な見込み客へのリーチが可能になります。はっきりとしたターゲットユーザーの姿が思い浮かばなくても、Facebookが機械学習によって見つけ出し、広告を配信してくれるわけです。

優良顧客のリストは、メールアドレスや電話番号の一覧をCSVファイルで用意します。Facebookへのアップロード時にはハッシュ化されるため、個人情報が漏れる心配はありません。

リストをアップロードすると、データが一致するFacebookユーザーでカスタムオーディエンスを作成できます。そして、それを基に類似オーディエンスを作成することで、優良顧客と共通する特徴を持つ人にターゲティングする、という流れです。

(実施手順)

① Facebook広告の管理画面のメニューから[オーディエンス]を選択する。
② [オーディエンスを作成]から[カスタムオーディエンスを作成]を選択する。
③ [カスタマーファイル]→[既存のファイルから顧客を追加するか、データを貼り付けてください]の順に選択する。
④ 優良顧客のリスト(CSVファイル)をアップロードし、カスタムオーディエンスを保存する〔図表**72-1**〕。
⑤ [オーディエンスを作成]から[類似オーディエンスを作成]を選択する。
⑥ [ソース]で優良顧客のリストに基づくオーディエンスを選択し、[オーディエンスサイズ]などを設定する〔図表**72-2**〕。

〔図表**72-1**〕

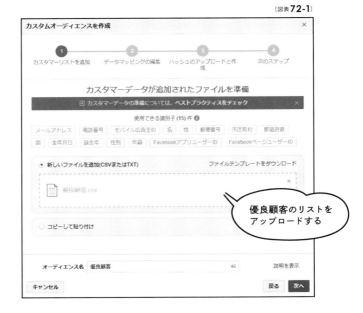

[図表72-2]

最初はもっとも類似度の高いユーザーから試す

　優良顧客のリストには、最低でも100人のFacebookユーザーが含まれていないと類似オーディエンスを作成できません。Facebookでは500人以上を推奨しており、それを下回るようであれば優良顧客以外の既存顧客までリストに含めるようにします。

　類似オーディエンスの作成画面にある「オーディエンスサイズ」は、ソースオーディエンスとの類似度を表します。「1」はもっとも類似度が高いものの規模は最小、「10」はその逆、という意味になります。最初は「1」から試し、成果が良ければ「2」「3」と拡大していきましょう。日本ではオーディエンスサイズの1目盛りが、だいたい27万人に相当しています。（高瀬）

> **まとめ**
> 一見複雑に見えますが、リストさえ用意できれば簡単に実施でき、かつ効果の高い施策です。自社のアセットを有効活用し、最優先で取り組んでください。

73
リストがなくても「顧客に似た人」は探せる

ピクセルが識別したコンバージョンユーザーを基にする

> 自社のアセットとして顧客リストが整備されていない場合、過去にコンバージョンしたユーザーを基に類似オーディエンスを作成する方法が有効です。なるべく多くのコンバージョンユーザーを集めましょう。

標準イベントなどからカスタムオーディエンスを作成

　優良顧客や既存顧客に基づく類似オーディエンスは、Facebook広告におけるもっとも強力なターゲティングと言えますが、リストを用意できなければ実施できません。筆者のようにコンサルタントの立場では、顧客情報を外部にいっさい提供できないというクライアント側の事情で断念するケースもあります。

　その代替手段となるのが、Facebookピクセルのコンバージョンユーザーを基にした類似オーディエンスです。カスタムコンバージョン（189ページを参照）、または「標準イベント」[※]に基づくコンバージョンを発生させたユーザーでカスタムオーディエンスを作成し、それを基に類似オーディエンスを作成します。次ページ以降では、標準イベントのコンバージョンユーザーからオーディエンスを作成する手順を紹介します。

　なお、標準イベントを検出するには、エンジニアの協力のもと自社サイトのタグをカスタマイズしておく必要があります。ここではカスタマイズ済みであることを前提としています。

※　標準イベント
Facebookピクセルが識別可能なユーザー行動の1つで、購入した商品の価格や数量など、カスタムコンバージョンよりも詳細なデータを取得できる。サイト内の該当ページに「標準イベントコード」を挿入することで利用できる。

〔実施手順〕

① Facebook広告の管理画面のメニューから［ピクセル］を選択する。
② 自社サイトに挿入したピクセルを選択する。
③ 標準イベントが検出され、有効になっていることを確認する〔図表73-1〕。
④ 管理画面のメニューから［オーディエンス］を選択する。
⑤ ［オーディエンスを作成］から［カスタムオーディエンスを作成］を選択する。
⑥ ［ウェブサイトトラフィック］を選択する。
⑦ 自社サイトに挿入したピクセルと標準イベントを選択し、過去何日間のユーザーをオーディエンスに含めるかを指定する〔図表73-2〕。
⑧ 作成したカスタムオーディエンスをソースとした類似オーディエンスを作成する。

〔図表73-1〕

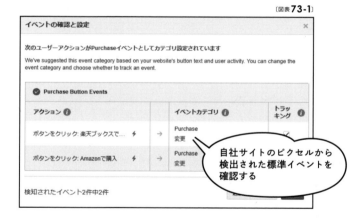

〔図表73-2〕

標準イベントのコンバージョンに基づくカスタムオーディエンスを作成する

なるべく多くのコンバージョンユーザーを含める

　標準イベントなどからカスタムオーディエンスを作成するとき、オーディエンスに含める日数は最大の180日にすることをおすすめします。理由は2つあります。

　1つは、質の高い類似オーディエンスを作成できるためです。類似オーディエンスの基となるリストの件数は多いほうがいいので、日数を最大にして、なるべくたくさんのコンバージョンユーザーが含まれるようにします。

　もう1つは、除外するためのリストとして使いやすいからです。サイト訪問ユーザーへのリターゲティングを実施するときには、コンバージョンユーザーを除外して配信したほうが効率的ですが、日数が少ないと、すぐに配信対象に戻ってしまいます。短期間で買い替えが起こる商品でもない限り、180日のほうが適切です。（高瀬）

> **まとめ**
> 標準イベントでは難しい場合、URL指定のカスタムコンバージョンを基にしてもかまいません。顧客リストが社内で整備されていないときに有効な施策です。

74 動画広告は画像よりも効果的

コンバージョンが発生しやすく、CPAも抑えられる

> Facebook広告のクリエイティブとしては、画像よりも動画のほうが「いいね！」などのエンゲージメントを得やすく、成果も高くなる傾向があります。筆者が実施したキャンペーンの結果から検証します。

「獲得」を狙った広告でも動画が活躍

　動画広告はテレビCMのような「認知」のための広告と思われがちですが、Facebook広告では、そのようなことはありません。「獲得」を狙った広告として機能します。

　筆者の経験では、Facebook広告において画像と動画のクリエイティブを比較すると、動画のほうがコンバージョン率が高く、CPAも抑えられる傾向にあります。典型的な結果が出たキャンペーンを紹介しましょう。実施要項は以下の表の通りで、BtoBサービスの資料請求を目的としたキャンペーンです〔図表**74-1**〕。

画像と動画のテスト（実施要項）〔図表**74-1**〕

目的	BtoBサービスの資料請求によるリード獲得
コンバージョン	資料請求の完了ページの表示（ダウンロード）
ターゲット	30～50代で決裁権のあるビジネスパーソン
クリエイティブ	画像と動画の2本。ほかの条件はすべて同一
期間	3日間
配信先	Facebookニュースフィード

コンバージョンまでの流れは、広告のクリック→ランディングページの表示→フォームの送信→資料請求の完了と、シンプルなものです。結果は以下の表のようになりました〔図表74-2〕。

画像と動画のテスト（結果）〔図表74-2〕

クリエイティブ	コンバージョン率	クリック単価	CPA	エンゲージメント
画像	0.10%	¥223	¥2,900	66
動画	0.14%	¥174	¥1,700	697

動画のほうがエンゲージメントが高まりやすい

コンバージョン率、クリック単価、CPAのいずれも動画のほうが優秀ですが、顕著な差が出たのがエンゲージメントです。動画の再生自体もエンゲージメントとしてカウントされるため一概には言えませんが、「いいね！」などの好意的なアクションも含むため、ユーザーの関心を引きやすいと解釈できます。筆者が実施したほかのキャンペーンやテストでも、同様の傾向が見られました。

もちろん、動画であれば何でもOKというわけではありません。「費用をかけて作ったのに、ほとんど効果が出なかった」とならないよう、次節以降ではFacebook広告で受け入れられやすい動画について解説していきます。（高瀬）

> **まとめ**
> Facebook広告では、動画を使ったほうが成果が出やすいのは間違いなさそうです。どうすれば費用対効果があう形で動画を用意できるのか、社内で検討してみてください。

75
動画制作で意識すべき 4つのルール

「移動中のスマートフォン」での視聴を前提にする

あなたが1ユーザーとしてFacebookを利用するのは、どのような場面でしょうか？ 多くの人はモバイル端末、かつ移動中に利用しており、それを前提とした動画にすることが成果につながります。

アクティブユーザーの92％はモバイル端末を利用

　Facebook広告でコンバージョンを獲得するための動画に、テレビCMのような豪華な映像は必要ありません。スマートフォンのカメラで撮影したものでも十分に活用できます。

　1つ、忘れてはならないのが、モバイル環境での視聴を前提にすることです。Facebook Japanは2016年の時点で、日本のアクティブユーザーの92％がモバイル端末からアクセスしていると発表しており、スマートフォンで視聴しやすいことは今や必須です。

　加えて、モバイル端末からのアクセスのうち、70％は移動中であると言われています。こうした傾向を踏まえたうえで、次ページの4つのルールを意識しつつ動画制作に取り組んでください。

3秒で心をつかむ

動画の再生開始から短時間、目安として3秒以内にユーザーの興味を引けなければ、以降がどれだけ良い内容であっても見てもらえません。重要なことは最初に持ってきましょう。サムネイルも工夫し、ユーザーに注目されそうな場面を使うようにします。画像ファイルをアップロードしてサムネイルに設定することも可能です。

字幕を付ける

移動中はマナーモードで視聴しているユーザーが多いので、音声がなくても内容が伝わるように字幕（キャプション）を付けましょう。無音にするのではなく、ユーザーがタップしたときには音声が流れて楽しめるようにします。

ベネフィットを訴求する

動画広告にはブランディングを目的としたものが多いですが、コンバージョンを狙う場合はベネフィットを訴求すると、反応が高まりやすくなります。例えば、最初の3秒で心をつかみ、以降はベネフィットを訴求する、といった構成が考えられます。

最後にアクションを促す

動画をすべて見た人に「次に何をすればいいか」を提示することで、アクションしてもらいやすくなります。「詳細を見る」「お店に行く」「メルマガに登録する」「ダウンロードする」といった表現を盛り込みましょう。（高瀬）

まとめ

「3秒で心をつかむ」は筆者も苦労しますが、ユーザーに「自分ゴト」として捉えてもらうのが重要だと考えています。そのような場面を冒頭で見せましょう。

76 動画のサイズは正方形か縦長に

手持ちの横長動画は静止画と組み合わせてリサイクルする

> FacebookやInstagramのスマートフォンアプリを使っているとき、多くの人が縦長の画面を見ています。従来の動画は横長が一般的でしたが、Facebook広告では正方形または縦長にするのが正解です。

広告向けの動画は正方形をメインに

　Facebook広告で使われる動画のサイズ（アスペクト比）は、主に以下の5種類があります。

- 横長（ランドスケープ）16:9
- 正方形（スクエア）1:1
- 縦長（バーチカル）4:5
- 縦長（バーチカル）2:3
- 縦長（バーチカル）9:16

　このうち筆者としては、特に「正方形1:1」を使うことをおすすめします。理由は単純に成果が上がりやすいのと、動画を制作するうえで字幕が入れやすく、後述するように既存の横長動画を加工して作ることもできるためです。縦長もいいのですが、字幕が入れにくく、幅が狭いぶん動画の内容が制限されます。

　特例として、Instagramストーリーズ広告[※]には「縦長9:16」の動画のみを配信できます。Instagramユーザーを狙う商品やキャンペーンでは、縦長のサイズも用意するといいでしょう。

※　Instagramストーリーズ広告
Instagramのフィード上部に表示されるストーリーズに対して配信される広告。通常投稿の間に差し込まれる形で掲載される。

横長動画を正方形に加工して成果を高める

　従来の動画は横長が一般的で、テレビCMやYouTube向けに制作された動画が、そのままFacebook広告に使われているケースも見かけます。しかし、スマートフォンで見る縦長のニュースフィードでは横長動画の占有面積は狭くなり、効果的とは言えません。

　手持ちの横長動画をうまく活用したい場合、筆者は静止画のバナーと組み合わせることで、正方形の動画として「リサイクル」しています〔図表76-1〕。動画編集ソフトさえあれば簡単にでき、商品の写真など、訴求したいポイントを表示し続けられるというメリットもあります。ぜひ取り入れてみてください。（高瀬）

〔図表76-1〕

上の部分は横長動画

下の部分に静止画のバナーを加え、正方形の動画にする

> **まとめ**
> 横長動画と組み合わせる静止画は、あまり主張が強くないものにしましょう。動画よりも目立つと、動画の内容が頭に入らなくなってしまいます。

77
スライドショー広告は動画並みの威力

ストーリーのある広告を数枚の画像だけで作れる

> 動画のクリエイティブが用意できない場合、有効な代替案となるのが「スライドショー広告」です。適切な画像があれば、Facebook広告の管理画面だけで動画風の広告を作れる優れた機能です。

手間と費用を抑えて動画風の広告に

「成果が出ると聞く動画広告を試したいけれど、テストのために動画を作る予算はない」。そうした現場は多いと思いますが、Facebook広告の形式の1つである「スライドショー」を使えば、最低3枚の画像から動きのある広告を制作できます。

その名の通り、紙芝居のような仕上がりとなり、画像1枚ごとに表示時間を設定して作成します。サイズは3種類ありますが、正方形がいちばん使いやすいでしょう。

画像は自社で用意したものをアップロードするほか、Facebookが用意している無料素材も使えます（232ページを参照）。字幕は画像そのものに入れるのではなく、スライドショー広告の作成時にテキストで入力します〔図表77-1〕。

BGMを付けることもでき、スライドショー広告向けに標準で用意されている曲のほか、Facebookサウンドコレクション[※]からも多くの曲を選択できます。とにかく手軽に動画風の広告を作成できる、素晴らしい機能だと思います。

※　Facebookサウンドコレクション
https://www.facebook.com/sound/collection/

[図表**77-1**]

字幕は広告の作成時に
テキストで入力できる

動画と同じ発想で伝えたいストーリーを明確にする

　スライドショーは動画とは別の形式ではありますが、動画広告と同じ発想で作ったほうが成果が出やすくなります。動画制作の4つのルール、特に「3秒で心をつかむ」(225ページを参照)を意識し、1枚目の画像と字幕で何を訴求するかをしっかり考えましょう。

　全体のストーリー展開としては、筆者は通販番組などでも使われる以下の構成をよく使います。ほかにもメリットや手順、仕組みを4つほど連続して見せる構成が考えられます。(高瀬)

- ユーザーの悩みを見せる（自分ゴト化）
- その悩みを自社商品で解消している様子を見せる（ベネフィット）
- 自社商品を宣伝する（オファー）
- 「詳しくはこちら」などで行動を促す（アクション）

> **まとめ**
> スライドショー広告は、本格的な動画広告を展開する前のテストマーケティングに便利ですが、主力のクリエイティブとしても十分に活用できると思います。

78
思わず目を留める
シネマグラフを広告に

写真が動いているような不思議な動画でクリック率を上げる

> 海外で人気が高まっている動画のクリエイティブに「シネマグラフ」があります。本格的なものを作るには手間とコストがかかりますが、簡単にできる方法で広告表現のオプションとして取り入れてみましょう。

FacebookやInstagramで流行している注目の表現手法

「シネマグラフ」をご存知でしょうか？ 一見、静止画に見えて、実は一部が動いている動画のことを指します。思わず目を留めてしまう不思議な魅力があり、広告のクリエイティブとして近年人気が高まっています。海外ではファッション系の広告でよく見られ、「女性の髪や服だけが風になびいている」「コップに水が注がれ続けている」ようなものが有名です。

シネマグラフを作るには、カメラを固定して動画を撮影し、編集時に動画にするエリアを選んで、そのエリア以外は静止画にするという方法をとります。Instagramの標準機能として追加される[※]との情報もありますが、本格的なものを作成するにはPhotoshopなどのプロ向けのツールが必要で、デザイナーや写真家の協力が必要になってきます。

ただ、静止画に動くテキストを載せたり、動くエフェクトを加えたりといった簡単なものなら、スマートフォンのアプリでも作れます。遊び心のある広告として取り入れてみるといいでしょう。

※ 「MdN Design Interactive」の記事より
https://www.mdn.co.jp/di/newstopics/57234/

アプリを使ってシネマグラフ風の動画を作る

　筆者がよく使うiPhoneアプリを2つ紹介します。「Lumyer」は静止画にエフェクトを追加するアプリで、シネマグラフ風の動画を簡単に作成できます〔図表78-1〕。

　「Legend」は静止画に動くテキストを追加するアプリです。入力したテキストをさまざまなパターンのアニメーションで表示し、動画として書き出せます〔図表78-2〕。

　本来は友達の間で楽しむアプリなので、ビジネスでの多用は避けるべきかもしれませんが、筆者の経験では実際にクリック率が上がり、否定的な意見も高まりませんでした。こうしたアプリは日々進化しているので、使えそうなものを試してみてください。（高瀬）

〔図表78-1〕コーヒーから湯気が昇る効果を加えている

〔図表78-2〕動くテキストを静止画に追加できる

> **まとめ**
> シネマグラフはFacebookやInstagramと相性のいい、注目の動画クリエイティブです。日本においても、ネット広告で使われる機会が増えてくるでしょう。

79
画像広告の素材選びと伸ばし方

豊富な無料素材からターゲットに適した画像を見つける

> 動画が望ましいとはいえ、画像は依然として広告クリエイティブの基本です。ユーザーに飽きられないように入れ替え続けることが重要ですが、その際はターゲットに基づく4象限で評価するとうまくいきます。

イメージ写真はShutterstockの画像が使える

Facebook広告はユーザーの飽きが早いため、クリエイティブは頻繁に変えたほうが良いとされます。しかし、動画を多数制作するのは難しく、画像をなるべくたくさん用意するほうが、多くの広告運用者にとって現実的な対応だと思います。

商品そのものの写真は自社で撮影するしかありませんが、会議やプレゼンの風景、友達と雑談している様子、トレーニングのワンシーンといったイメージ写真が必要な場合、Facebook広告では素材サービス「Shutterstock」の高品質な画像を無料で使えます。広告文との相性を考慮しつつ、いくらでもバリエーションが作れるので、クリエイティブの鮮度を保つために活用しましょう。

画像形式の広告を作成するときに表示される「無料ストック画像」から、画像をキーワードで検索できます。Shutterstockは米国のサービスなので外国人や海外の風景が多いのですが、「日本 会議」のようなキーワードで検索すれば、日本人や日本のオフィスの画像がヒットします〔図表**79-1**〕。

〔図表79-1〕

画像内のテキスト20%ルールに注意する

　Facebook広告では画像内にテキストを含めることは推奨されておらず、画像の20%以上をテキストが占めている場合、広告が十分に配信されません。自社で苦労して作った画像広告がほぼ配信されない悲劇が起こりがちなので、Facebookが提供している「テキストオーバーレイツール」（※）で事前に確認することをおすすめします〔図表79-2〕。Shutterstockにもテキストを含んだ画像があります。

　画像内のテキストの評価には、「OK」「低」「中」「高」の4種類の表記があり、「OK」なら問題なし、「低」であればそこまで気にする必要はありません。「中」「高」なら画像を修正・変更します。

〔図表79-2〕

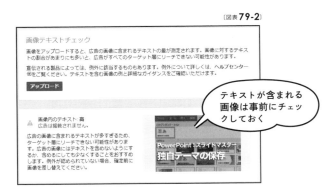

※　テキストオーバーレイツール
https://www.facebook.com/ads/tools/text_overlay

ターゲットユーザーを決めて4象限でテストする

どのような画像だと広告効果が高いのかは、実際に広告を配信してみないとわかりません。複数の画像で広告を作成してテストしていくことになりますが、その善し悪しの判断はターゲットユーザーに基づく2軸で区切った4象限で見ていくことをおすすめします。

例えば、20〜40代のビジネスパーソンに向けてコミュニケーションスキルの向上を目指すセミナーを開催するとします。申込者を増やすための画像広告を配信するとき、ターゲットの4象限とそれに属する画像は以下の図のように表せるでしょう〔図表79-3〕。

それぞれの画像広告を配信し、反応の良い傾向がわかってきたら、その象限に属するほかの画像をさらに試していきます。差がないようなら、象限を区切る軸を別のものに変えてみましょう。(高瀬)

ターゲットの4象限と画像のイメージ〔図表79-3〕

> **まとめ**
> Facebook広告に慣れてくると、効果のありそうな画像が直感でわかることもあります。ただ、意外な画像が優秀なこともあるので、地道にテストを行ってみてください。

80 カルーセル広告の使い道は3つに絞る

多彩な表現ができるフォーマットだけに迷いやすい

> 1つの広告でさまざまな訴求ができる「カルーセル広告」は一見効果が高そうですが、やり方を間違えると手間だけが増える結果になります。狙いを絞って実施し、画像や動画ごとに評価するのがポイントです。

複数の画像や動画に異なるリンク先を設定できる

　左右にスワイプできる複数の画像や動画で構成される広告を、「カルーセル広告」と呼びます。通常の広告よりもアピールできる情報量が多く、1つの広告でさまざまなメッセージを伝えられます。

　カルーセル広告では、1つの広告に3～10個の画像や動画を使用でき、それぞれに異なる見出しや詳細、リンク先を設定します。画像や動画のサイズは正方形のみとなります。

　多彩な組み合わせができる一方で、何となく使っても効果が出にくく、「どのように使うべきかわからない」という声も少なくありません。複数の画像やリンク先を設定する手間もかかるため、しっかり考えて使うべきフォーマットだと言えます。

プロセス、メリット、カタログの3パターンで考える

　カルーセル広告の目的として筆者がよく使うのは、以下の3パターンです。あれこれ悩むより、このくらいに絞って考えたほうが、むしろ使いやすいと思います。

　なお、カルーセル広告には動画も使えますが、あまり統一感が出せないので、筆者はほぼ画像しか使っていません。

プロセスを訴求する

1つの商品やサービスの使い方を順序立てて見せていきます。カルーセル広告には「一番パフォーマンスが高いカードを自動的に最初に表示」という設定がありますが、このパターンでは見せる順序が重要なので手動で表示順を決め、この設定はオフにしておきます〔図表80-1〕。

メリットを訴求する

他社にない強みを伝えるなど、1つの商品やサービスのメリットを集中的にアピールします。連続した画像で見せる、顧客の声を載せるなどのアイデアがあります。

カタログとして訴求する

複数の商品やサービスの「ミニカタログ」を1つの広告内で展開します。それぞれの画像に異なるリンク先を設定できる、カルーセル広告ならではの表現です。

〔図表80-1〕

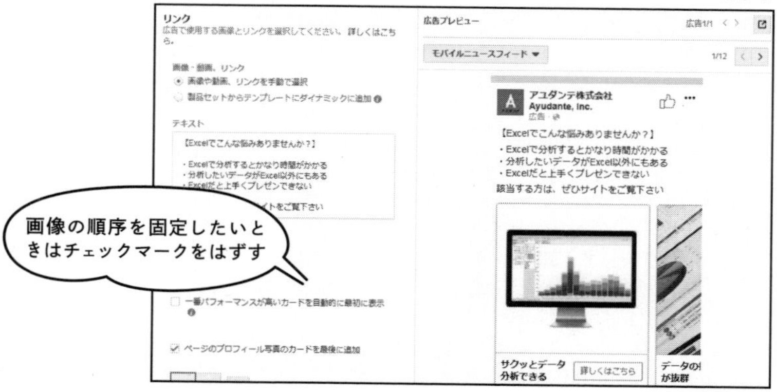

画像の順序を固定したいときはチェックマークをはずす

パフォーマンスの低い画像を入れ替える

カルーセル広告の配信後は、どの画像や動画による訴求の効果が高かったのかを特定し、今後の運用に生かしましょう。丸ごと作り直すのではなく、以下の実施手順で画像や動画ごとにパフォーマンスを比較し、良かったものは残し、悪かったものは入れ替えていきます。それをくり返すことで、1つのカルーセル広告としてのパフォーマンスを上げていくのが基本戦略です。

切り口が異なる複数のカルーセル広告は、広告セットを分けて比較します。1つのパターンに固執せず、さまざまなパターンを試すことで、より高い成果を狙いましょう。(高瀬)

(実施手順)

① Facebook広告の広告マネージャで［広告］タブを表示する。
② ［内訳］をクリックし、［アクション］→［カルーセルカード］を選択する〔図表80-2〕。
③ カルーセル広告のカードごとのパフォーマンスを比較する。

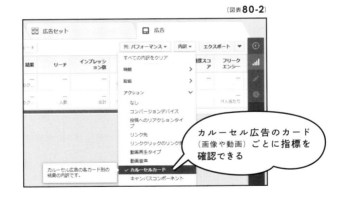

〔図表80-2〕

カルーセル広告のカード（画像や動画）ごとに指標を確認できる

> **まとめ**
> カルーセル広告には難しさもありますが、うまく機能すればクリック率が伸び、CPAも大きく下げられます。まずは、ここで解説した3パターンを基準に考えてください。

81 広告文は短く、読みやすく

ユーザーにストレスをかけない広告文が受け入れられる

> SNSにおいて長文や読みにくい投稿は好まれませんが、それが広告であればなおさらです。実際の見え方を確認しつつ、ストレスなく注目してもらえる広告文を考えましょう。

長文はやめ、とにかく短くすることが第一

SNSであるFacebookは、ユーザー間のコミュニケーションをもっとも重視しています。広告のオークションにユーザーのフィードバックによる指標が組み込まれていることは、本章の冒頭で述べた通りです（184ページを参照）。不愉快に感じられると広告の表示が抑制され、割高で配信することにつながります。

よって、Facebook広告ではユーザーにストレスをかけないことが意味を持つのですが、広告文で工夫できることは何でしょうか？ 結論から言うと「できるかぎり文章を短くする」ことに尽きます。

自分がユーザーとして、Facebookを使うときを思い浮かべてください。ほとんどの投稿は1秒足らずで読み飛ばしているはずです。長文がダラダラと書かれた投稿は、仲のいい友達のものならまだしも、広告であれば読むはずがありません（図表**81-1**）。そのような広告が何度も表示されようものなら、次第に不愉快に感じてしまうのも無理はないでしょう。「なるべくストレスをかけず、でも注目してもらう」必要があるのです。

〔図表81-1〕

読みやすさは注目してもらうことにつながる

　広告文は短くすることに加えて、読みやすくすることも重要です。読みやすければひと目で内容が伝わり、ユーザーの注目を集めやすくなります。「ストレスをかけずに注目してもらう」ことが可能になるわけです。

　画像広告では広告文として「見出し」と「テキスト」を入力できますが、筆者は「テキスト」の中にもタイトルを付けて強調し、読みやすさを意識しています。また、そのタイトルより下の文章には改行を入れません。改行位置はユーザーが使っている端末によって異なるため、かえって読みにくくなることがあるからです。以下の画面は書き方の一例です〔図表81-2〕。

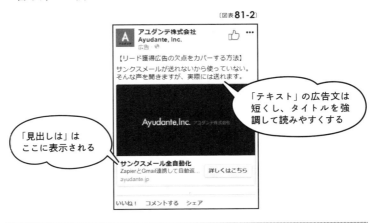

〔図表81-2〕

FacebookとInstagramでは広告文の見え方が違う

　また、FacebookとInstagramでは、広告文の見え方が異なる点にも注意が必要です。画像広告の場合、Facebookでは「見出し」と「テキスト」が表示されますが、Instagramでは「テキスト」しか表示されません〔図表81-3〕。「テキスト」だけで内容が伝わらないと、Instagramでは意図した訴求ができていない可能性が高いです。

〔図表81-3〕

Instagramでは「見出し」の広告文が表示されない

「広告プレビュー」は実際の広告と同じではない

　加えて、広告の作成時に表示される「広告プレビュー」は、実際に配信される広告のプレビューとは異なります。あくまで近い見栄えなだけで、ユーザーが見る広告とは違うのです。

　本当に正しいプレビューを見るには、「広告プレビュー」の右上にあるアイコンから自分のFacebookアプリに通知を送信します〔図表81-4〕。広告文が自分のイメージ通りに表示されるか、配信前に必ず確認しましょう。特に「テキスト」が省略される位置や「見出し」の折り返しをよく見ておきます〔図表81-5〕。

〔図表81-4〕

ここから通知を送信すると、アプリで実際の表示を確認できる

〔図表81-5〕

広告文よりも画像や動画の改善が優先

　Facebook広告のパフォーマンスに影響する要素としては、影響が大きい順に画像や動画、広告文の「テキスト」、そして「見出し」の順になります。広告文よりも、画像や動画のほうが上です。

　そのため、反応の悪い画像や動画を使ったまま広告文だけを改善しても、あまり良い結果にはつながらないでしょう。先に画像や動画の反応が良好であることを確認してから、広告文の改善に進むようにしてください。(高瀬)

> **まとめ**
> 企業側が言いたいことを詰め込んだ広告文が、Facebookで受け入れられることは、まずありません。ユーザー同士の交流を広告で阻害しないよう、気を配りましょう。

82
配信前にはチーム全員のスマホでチェック

広告確認用ツール「クリエイティブハブ」を活用する

> Facebook広告のプレビューを自分だけ、さらにはPCだけで確認しているのでは、事前確認としては心もとないでしょう。関係者全員が、ユーザーと同じ見え方で広告をチェックできる環境が必須です。

広告のモックアップを作成して事前確認できる

　広告の作成後にスマートフォンでの見え方を確認したい、チーム内で共有して意見を集めたい、という機会は多いでしょう。「クリエイティブハブ」はFacebook広告のモックアップを作成できるツールで、1枚の画像や動画はもちろん、スライドショー、カルーセル、Instagramストーリーズまで、さまざまな広告フォーマットのプレビューを確認できます。

　筆者はクライアントへの提案時や、広告の実際の見え方が気になるとき、社内のメンバーに意見を聞くために使用しています。スマートフォンにリンクを送信し、アプリとWebブラウザーで画像のトリミングや画質、リンク先に問題がないかなどをチェックします。画像内に20％以上のテキストが含まれていないかもわかります。

　ビジネスマネージャ（※）を設定済みであれば、モックアップから広告マネージャにインポートすることで、そのまま広告として使えます。スライドショーやカルーセルなど、作成に手間がかかる広告では特に効率的です。（高瀬）

※　ビジネスマネージャ
Facebookが企業や代理店向けに提供しているツール。Facebookページ、広告、アプリ、Instagramのアカウントを一元管理できる。

〔実施手順〕

① Facebook広告の管理画面のメニューから［クリエイティブハブ］を選択する。
② ［モックアップを作成］をクリックし、形式を選択する。
③ 広告を作成し、保存する。
④ モックアップURLを取得する〔図表82-1〕。
⑤ スマートフォンに送信し、プレビューを確認する〔図表82-2〕。

〔図表82-1〕
URLをコピーし、チーム内で共有する

〔図表82-2〕
スマートフォンのアプリとWebブラウザーで確認する

> **まとめ**
> モックアップのURLを送信すれば、Facebookページの管理者でなくてもプレビューを見られます。他部署のメンバーとの調整が必要なときにも重宝するツールです。

83
FacebookとInstagramの成果が最優先

配信先プラットフォームの「自動配置」はやめておく

> Facebook広告は「Facebookのみに配信される広告」と思われがちですが、Facebook広告には複数の配信先があります。施策の初期段階では配信先を絞り、着実な成果を優先するのがセオリーです。

最初は「フィード」中心の配信先に絞る

　Facebook広告ではFacebookとInstagramに加え、オーディエンスネットワーク（Audience Network）とFacebookメッセンジャー（Messenger）に広告を配信できます。配信先の標準設定である「自動配置」は、このすべてを対象とします。

　しかし、まずはFacebookかInstagram、もしくはその両方でコンバージョンを獲得できるようになってから、配信先の拡大を検討するほうがいいでしょう。Facebook広告では広告枠ごとに入札単価の調整ができない（配信の強弱がつけられない）ため、CPAの高い配信先に偏って広告が配信される可能性があるためです。

　キャンペーンの目的が「コンバージョン」で画像広告を配信する場合、筆者が考えるベストプラクティスを次ページの画面に示します〔図表83-1〕。最初から自動配置は避け、以下に絞る形です。

- Facebookの「フィード」と「右側広告枠」[※1]
- Instagramの「フィード」

※1　右側広告枠
PCのWebブラウザーからFacebookにアクセスした場合にのみ表示される、ニュースフィードの右側にある広告枠のこと。

本書執筆時点では、筆者はFacebookの「インスタント記事」[※2]をオフにしています。配信面のコントロールができず（除外は可能）、広告の掲載先がわからないため、ブランドセーフティ[※3]を考慮すると好ましくないと判断しました。

Instagramの「ストーリーズ」には縦長の動画が必要なので、特に狙いがなければオフにします。

オーディエンスネットワークはゲームアプリに掲載されるなど、意図しない配信リスクがあります。筆者はBtoBの商品やサービスを扱うことが多いため、オフが基本です。メッセンジャーも積極的に狙う理由が特にないため、最初はオフでいいでしょう。

［図表83-1］

※2　インスタント記事
Facebookアプリやメッセンジャーに配信される簡潔な記事フォーマットのこと。モバイル環境でも記事の高速表示が可能。広告の掲載先は、このフォーマットに対応したWebサイトのページとなる。

※3　ブランドセーフティ
意図しない配信先への広告表示によるブランドの価値毀損を防ぐこと。294ページを参照。

BtoBでもモバイルへの配信ははずせない

　配信先の機器タイプは、PC（デスクトップ）とモバイルの両方に配信する標準設定のままにします。Facebookは90％以上がモバイルなので、PCだけに配信するのは大きな機会損失です。

　BtoBの商品で、AdWordsのディスプレイ広告ではPCに絞っていたという場合でも、Facebook広告ではモバイルへの配信をおすすめします。ランディングページがモバイル対応できていなければ、この機会に制作する意気込みで臨んでください。

Instagramは40代以上にもリーチ可能になっている

　FacebookとInstagramのどちらを狙うかは、施策の目的やターゲットにあわせて決めますが、両方から始めてもかまいません。両者のユーザー層をおさらいしておきましょう。

　Facebookは30〜50代の男性が使っているイメージが強いですが、実は性別・年齢ともにまんべんなく、幅広い層が利用しています。人脈作りなどビジネス目的での利用も多いため、BtoCだけでなくBtoBの商品との相性もいいのが特徴です。

　Instagramは10〜20代の女性に人気というイメージが定着しており、実際にその通りです。ただ、ユーザー数は年々伸びており、特に40〜50代の男女、10〜20代の男性が増えています。以前は40代以上をターゲットとした広告はInstagramに適さないと考えられていましたが、最近では有効なアプローチになってきています。（高瀬）

まとめ

オーディエンスネットワークへの配信は、広告のパフォーマンスを悪化させることがあります。最初はFacebookとInstagramに絞って始めましょう。

84 意味のあるA/Bテストをしよう

コンバージョンを発生させ、再現率を70％以上に

> Facebook広告のキャンペーンにはA/Bテストの機能が組み込まれており、実施も簡単です。極端すぎる内容ではなく、しっかりコンバージョンが発生する条件で行うのがコツです。

変数を決めて広告セットの優劣を判定

新規のキャンペーンでは、以下の4つのいずれかを「変数」としたA/Bテストを作成できます［図表84-1］。ここではFacebook広告におけるテストを有意義にするポイントを見ていきます。

- 広告素材　　　画像や見出しを変えたら成果が上がるか？
- 配信の最適化　広告の最適化対象や入札の設定で差があるか？
- ターゲット　　オーディエンスごとの反応の違いは？
- 配置　　　　　Facebookのみと自動配置のどちらが良いか？

［図表84-1］

[A/Bテストを作成]にチェックマークを付ける

コンバージョン

購入や支払い方法の追加など、ウェブサイトやアプリでのアクションを促すことができます。また、Facebookピクセルまたはアプリイベントを使用してコンバージョンをトラッキング・測定できます。

A/Bテストを作成: この広告キャンペーンを使用することで、広告素材や配置、オーディエンス、配信の最適化をテストできます。 NEW

コンバージョンが発生する条件でテストする

　前述の変数は「テストしたい内容」を表しており、それ以外を平等にした2つの広告セット間で優劣を決めていきます。例えば「ターゲット」を選択した場合、ターゲティングのみの違いによって広告のパフォーマンスがどう変化するかを見ていく形です。

　しかし、漫然とA/Bテストを実施すると意味のある優劣が生まれず、時間のムダとなってしまいます。効果的なA/Bテストを実施するには、以下の4つの点に注意してください。

変更箇所

それぞれの広告セットで多くの箇所を変更すると、何が原因で優劣がついたのかがわからなくなります。例えば、広告素材を変数としてテストするときには「見出しのみ」「テキストのみ」と変更箇所を1つに絞ります。

ターゲティング

A/Bテストはパフォーマンスを比較するために実施するので、コンバージョンが1件も発生しないとテストになりません。どの広告セットも、極端すぎるターゲティングではなく成果が見込めるものに設定します。

期間

Facebookが推奨しているのは4日間です。まずはこれに従ってみましょう。ただ、商品によってコンバージョンに至る日数はさまざまです。Googleアナリティクスにはコンバージョンまでの日数を確認できるレポート(※)があるので、参考にしてみましょう。

予算

最初はFacebookが推奨する予算が表示されますが、割高に感じるでしょう。筆者は過去のパフォーマンスから推測し、広告セットごとに1日2〜3件のコンバージョンが発生するように予算を設定しています。試しながら適性金額を見つけましょう。

※　コンバージョンまでの日数を確認できるレポート
「コンバージョン」メニューの「eコマース」→「購入までの間隔」レポート、および「マルチチャネル」→「所要期間」レポートが該当する。

再現率が70％以上あれば有意な差

　A/Bテストが終了すると、結果がメールで届きます。コンバージョンが0件の場合は失敗となりますが、成功して優劣がついた場合、再現率が明記されます〔図表84-2〕。

　再現率が70％以上あれば優位な差と認められ、再度テストを行っても同じ結果が得られる可能性が高いです。70％未満の場合は、変更箇所にあまり差がないか、期間や予算が不適切だったと思われるため、設定を変更して再テストしましょう。

〔図表84-2〕

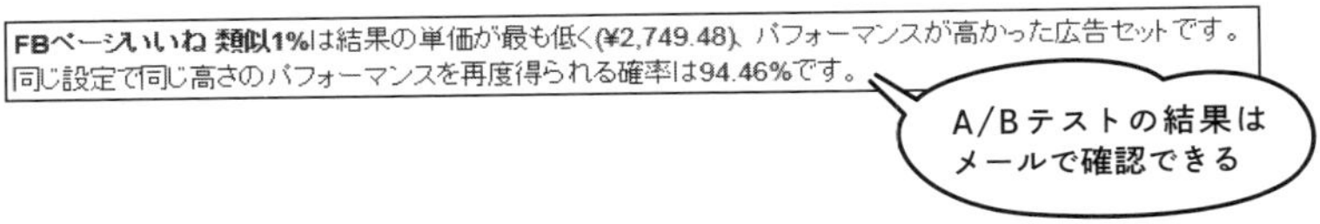

> FBページいいね 類似1%は結果の単価が最も低く(¥2,749.48)、パフォーマンスが高かった広告セットです。同じ設定で同じ高さのパフォーマンスを再度得られる確率は94.46%です。

（A/Bテストの結果はメールで確認できる）

広告素材のA/Bテストは無意味？

　Facebook広告の運用経験者の中には、「広告素材のA/Bテストは意味がない」と感じている人も少なくないようです。広告セット内に複数の広告がある状態で配信していると、成果が高い1～2個に配信が偏っていくため、それ自体がテストになるとも言えます。

　筆者もその通りだと思いますが、一例として「あまり配信されていないが、コンバージョンが発生していてCPAが低い広告」（広告A）を見かけたら、「数多く配信されているがCPAは普通の広告」（広告B）とテストをしてみることをおすすめします。

　その結果、広告Aが勝者となれば、広告Bは思い切って配信を停止してもいいかもしれません。広告AはFacebookからの評価は低いが、特定のユーザーには響いているので、そのターゲットだけに広告が出るオーディエンスリストを考えてみるといいでしょう。（高瀬）

> **まとめ**
> コンバージョンが0件ではテストにならず、あまり差がないテストは再現率が高まりません。テストには手間もかかるので、ちゃんとした結果が出るものにしましょう。

85
自動化を見据えた広告セットの作り方

ポイントは「細かく切りすぎない」「被らせない」

> ネット広告における機械学習の活用では、アカウント構成の工夫が必須です。Facebook広告は「週50件のコンバージョン」と「オーディエンスの重複」にも留意しつつ考えていきます。

機械学習を生かすために広告セットを工夫する

Facebook広告のアカウント構成で何を考えるべきかは、機械学習と自動化を見据えるという意味で、AdWordsの場合と同じです。「キャンペーン」と「広告セット」のうち、広告セットを以下の2点に留意して作成します。

- 細分化せず、なるべくまとめる
- ターゲティングの重複を避ける

前者は機械学習の恩恵を受けやすくするため、後者は配信が不安定になることを防ぐためです。次ページから個別に解説します。

「細分化しない」ほうがいいのはAdWordsもFacebook広告も一緒なんだね

1日7～8件のコンバージョンを生み出せる数に抑える

　Facebook広告のキャンペーンと広告セット、広告の構成は、以下の図のように表せます〔図表85-1〕。そして、本章の冒頭で述べた「週50件のコンバージョン」は、広告セット単位でカウントされます（188ページを参照）。

　つまり、広告セットごとに「1日に7～8件のコンバージョン」を発生させる必要があり、広告セットを細かく作るほど、ハードルが高くなっていきます。少額の予算で回しているといつまで経っても達成できず、機械学習による最適化が働きません。

　また、コンバージョンが発生しないと推定アクション率が低下し、配信効率も低下していきます。広告セットはなるべくまとめて、コンバージョンが蓄積されやすくすべきです。

Facebook広告のアカウント構成　〔図表85-1〕

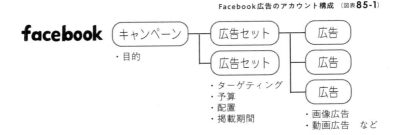

分けるときはオーディエンスの重複に注意

　Facebook広告のターゲットユーザーとなるオーディエンスは、広告セットごとに設定します。異なるオーディエンスを狙うには広告セットを分けることになりますが、その際は「オーディエンスの重複を避ける」という視点が必要です。

　例えば、2つの広告セットで以下のオーディエンスに配信すると、広告セットBはAに内包され、100%重複した状態になります。

- 広告セットA　東京都、10～30歳、女性、ダイエットに興味
- 広告セットB　東京都、20～30歳、女性、ダイエットに興味

オーディエンスが重複している場合、Facebook広告では過去に成果を出していた広告セットの配信を優先します。「広告セットAの調子が良かったのでBを作成してみた」という順序であれば、Bはほぼ配信されません。逆にBが好調ならAが不安定になります。
　オーディエンスの重複を防ぐためにも、広告セットはなるべくまとめるべきです。ただ、次の2点に該当し、かつ広告セットごとに週50件のコンバージョンを獲得できる場合は、広告セットを分けるといいでしょう。

ターゲットが明確に異なる

例えば、健康器具を販売するメーカーで、商品ごとにターゲットがはっきり分かれている場合です。以下のように広告セットを分け、それぞれに適した広告で訴求しましょう。

- 広告セットC　20〜30歳、女性、ダイエット器具
- 広告セットD　30〜50歳、男性、筋トレ器具

配信先でパフォーマンスが異なる

FacebookとInstagramでは、ユーザーの属性や利用意図が違います。よって、両方に広告を配信する場合、同じ広告が同じ効果をもたらすとは限りません。1つの広告セットでFacebookとInstagramに別々の広告を表示することは可能ですが、配信先ごとに予算を調整したり、関連度スコアを確認したりするには、以下のように広告セットを分けたほうが便利になります。

- 広告セットE　Facebook、男性、ロジカルな訴求
- 広告セットF　Instagram、女性、ビジュアル重視

> **まとめ**
> ターゲティングも広告セット単位なので、細かく設定しすぎると数が増えがちですが、機械学習による最適化を優先したほうが成果にはつながりやすいと言えます。

86
広告セットの健康管理には配信インサイト

パフォーマンス低下の原因を把握し、アクションにつなげる

> Facebook広告の配信中に見るべきデータは、コンバージョンなどの直接的な成果だけではありません。「ターゲット飽和」と「オークションの重複」から不調になる兆候や原因を発見しましょう。

今まさに配信中の広告セットの状況を見る

「今まさに配信中のFacebook広告に問題はないのか？」という運用者の疑問に答えるのが、「配信インサイト」です。広告セットにおけるパフォーマンスの変動と、その原因を調べられるツールで、最大で過去28日間のデータが見られます。

配信インサイトを確認するには、広告セットが5日以上連続して配信されており、500件以上のインプレッションが発生している必要があります。表示までの実施手順は以下の通りで、見るべきポイントは次ページ以降で解説します。

[実施手順]

① Facebook広告の管理画面のメニューから［広告マネージャ］を選択する。
② ［広告セット］タブを表示する。
③ 広告セットの「配信」列にマウスポインターをあわせて［配信インサイトを見る］をクリックする。

同じユーザーに何度も広告が表示されていないか？

　配信インサイトの画面の例を以下に示します〔図表86-1〕。注目したいデータは「ターゲット飽和」と「オークションの重複」の2つです。

　ターゲット飽和とは、同じユーザーに何度も広告が表示されており、広告セットのパフォーマンスが悪化している状況を指します。それを測る指標の1つが「初回インプレッション率」(※)で、以下の2つの画面のように確認できます〔図表86-2〕。

　この広告セットの初回インプレッション率は配信開始時には「47.06%」でしたが、1か月後には「19.06%」と大きく低下しました。初めて広告を見るユーザーが減っていると想定でき、同時にコンバージョンも減っているなら、その原因はターゲット飽和である可能性が高いでしょう。

　筆者の印象では、初回インプレッション率が20%前後になるとパフォーマンスが乱れやすいと感じます。ターゲティングを拡大・変更するか、クリエイティブの変更を検討しましょう。

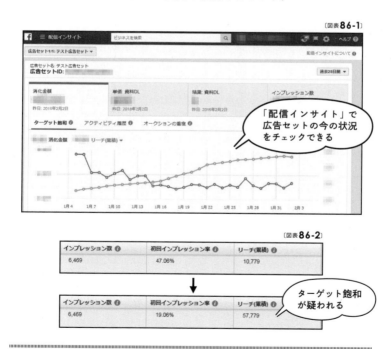

〔図表86-1〕「配信インサイト」で広告セットの今の状況をチェックできる

〔図表86-2〕ターゲット飽和が疑われる

※　初回インプレッション率
広告セット内の広告を初めて見た人から得られたインプレッションの割合を表す。

複数の広告セットで同じユーザー層を取り合っていないか?

　オークションの重複とは、複数の広告セットで同じユーザー層への広告枠を取り合っている状態です。オーディエンスが重複していると起こりやすくなります。

　以下の画面は、オークションの重複が起きている典型例です〔図表86-3〕。ある広告セットの配信インサイトを確認したところ、「合計オークション重複率」が「60%」となっています。筆者の感覚では10%以下なら問題ありませんが、これは高い数値です。

　Facebook広告の仕様では、同一アカウント内の広告セットの競合によって費用が高騰することはありません。しかし、パフォーマンスの良い広告セットだけがオークションに選出されるため、悪い広告セットの配信は間引かれ続けることになります。とるべきアクションとしては以下の2つが考えられます。

- 広告セットを統合する
- 広告セット間でターゲットを除外する

　前者はパフォーマンスの良い広告セットの設定を維持しつつ、悪い広告セットのオーディエンスと予算と追加します。統合後に機械学習が働くまでの期間を短縮できるとされています。後者は明確に異なるターゲットを狙う場合に検討し、重複しているオーディエンスを片方の広告セットから除外しましょう。(高瀬)

〔図表86-3〕

オークションの重複が疑われる

> **まとめ**
> オーディエンスが重複していても、予算が少なければオークションの重複は発生しないこともあります。まずは始めてみて、配信インサイトを見ながら判断してもOKです。

87
予算は日単位がコントロールしやすい

「通算予算」よりも「1日の予算」を選ぶべき理由

> 広告運用によって思いがけない費用が発生しないよう、予算の設定について理解することは重要です。ここではFacebook広告における2種類の予算と、その違いについて解説します。

予算のコントロールしやすさか、運用の簡単さか

　Facebook広告の予算は、広告セットごとに「1日の予算」か「通算予算」で設定します。あとから変更できないので慎重に設定すべきですが、筆者の結論としては「1日の予算」のほうが使いやすいと考えています。両者の違いを整理しましょう。

1日の予算

1日あたりの執行金額を意味します。広告の掲載期間を指定した配信と、掲載期間を指定しない継続的な配信が可能です。広告セットの画面内では、配信する曜日や時間帯を指定できません。

掲載期間における予算の執行ペースが平準化されやすく、コントロールしやすいメリットがあります。ただ、実際の消化金額は1日あたり25%を限度に超過する可能性があることに注意してください。例えば、1日の予算を「5,000円」とし、掲載期間を指定しない場合、1週間で最大35,000円を使うように広告が配信され、初日で6,250円を消化することがあります。

通算予算

執行金額と掲載期間を明示的に指定し、必ずその範囲内で広告を配信します。広告セット内で配信する曜日や時間帯を指定でき、より簡単に運用できるメリットがあります。

ただし、予算の執行ペースが掲載期間の前半に集中しやすく、後半は息切れしがちです。後半で入札単価の相場が下がった場合は機会損失を生む可能性があります。また、終了日を必ず指定するため、継続的に実施したい場合は定期的に延長する必要があります。

Facebook広告では最初から自動入札が基本

予算の設定画面を以下に示します〔図表87-1〕。「1日の予算」と「通算予算」の選択、および金額の入力はここで行います。

詳細オプションを表示すると入札戦略の設定があり、「最小コスト」と「ターゲット単価」のいずれかを選択します。通常は「最小コスト」を選択し、指定した予算内でできるだけ多くのコンバージョンを獲得するように自動入札を行います。

なお、Facebook広告はインプレッション課金(※)が基本ですが、最初から自動入札を実施するため、インプレッション単価ではなくコンバージョン単価(CPA)に注目することになります。

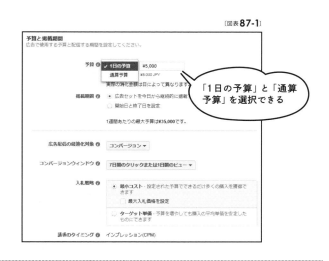

〔図表87-1〕

「1日の予算」と「通算予算」を選択できる

※ インプレッション課金
広告が配信(表示)されるたびに広告費が発生する課金方式。

曜日・時間帯別の配信は「ルールを作成」で解決

「1日の予算」を選ぶべき理由は、予算の執行ペースが平準化されやすいなどのメリットに加え、デメリットとして挙げた「曜日・時間帯別の配信ができない点」は、別の方法で解決できるためです。具体的には、広告マネージャでルールを作成します。

ルールは複数のキャンペーンや広告セットをまたいで適用され、指定した条件に基づくアクションを実施できます。「頻度」でカスタムスケジュールを指定すれば、「1日の予算」を設定した広告セットでも曜日・時間帯別の配信が可能です〔図表87-2〕。

ただ、「1日の予算」の金額を増やすと、予算をすべて使い切ろうとしてコンバージョン単価が上がる可能性がある点には注意してください。予算とコンバージョン単価が連動して上がってしまうようなら、入札戦略を「ターゲット単価」に切り替えて単価を指定することも検討しましょう。(高瀬)

〔図表87-2〕

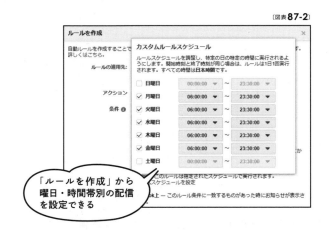

「ルールを作成」から曜日・時間帯別の配信を設定できる

> **まとめ**
> 短期間の広告配信で予算が決まっている場合には、「通算予算」のほうが運用しやすいケースもあります。広告セットの用途に応じて使い分けてください。

88
善し悪しの判断は配信後の1週間で

「オークションに勝てているか」を見極めるポイント

> いざ配信を開始したあと、何をすればいいのかわからないという悩みも多いでしょう。チェックすべき時期やポイントはある程度決まっているので、筆者のベストプラクティスを紹介します。

オークションを決める要素を配信結果で見る

Facebook広告では、入札額、広告の質と関連度、推定アクション率によってオークションの結果が決まると述べました(184ページを参照)。オークションで選出されなければ自社の広告が配信されることはないので、効率的な配信を行うことは「いかにしてオークションで勝ち続けるか」を考えることと同義です。

では、広告が実際にオークションに選ばれているかどうかは、どう判断したらいいのでしょうか？ 筆者は配信開始後の1週間を目安に、次の方針でチェックすることをおすすめします。

500インプレッションに達したら関連度スコアを評価

まず、配信開始から1週間以内は、管理画面の広告マネージャで毎日パフォーマンスを確認します。インプレッション数が「500」に達すると関連度スコアを表示できるようになるため、そこが最初の評価のタイミングです。

「関連度スコア」「好意的な意見」「否定的な意見」「CTR(リンククリックス

ル―率)」を表示し、明らかに関連度スコアが低い、否定的な意見が高い、CTRが低い場合は、早々に広告の内容やターゲットを変えます。

以下の画面は配信がうまくいっている例です〔図表88-1〕。「投稿のエンゲージメント」も一部は好意的な意見に入ると考えられるので、参考程度に見ておくといいでしょう。

〔図表88-1〕

広告の名前	関連度スコア	好意的な意見	否定的な意見	ページのエンゲージメント	投稿のエンゲージメント	CTR(リンククリックスル…)
広告A	8	高	低	101	96	1.69%

（広告マネージャの列をカスタマイズし、関連度スコアなどを表示する）

「結果レート」から推定アクション率を予測

明らかに悪くもないが、そこそこの結果で判断しにくいときは、その後にコンバージョンが発生しているかを見ていきましょう。

コンバージョンはキャンペーンの目的によって変わりますが、その数は広告マネージャの「結果」で確認できます。列をカスタマイズして「単価」と「結果レート」を並べると、コンバージョン数、CPA、コンバージョン率(※)に相当する指標をまとめて見られます〔図表88-2〕。

オークションを左右する重要指標である推定アクション率は直接確認できませんが、結果レート（=コンバージョン率）が高ければ、推定アクション率も高く計算されると考えて問題ないでしょう。まずは結果レートが0.1％以上を目指してください。あわせて、機械学習の基準となる週50件を達成できそうかも見ておきます。

〔図表88-2〕

広告セット名	結果	単価	結果レート
広告セットA	38 無料体験	¥2,594 /無料体験	0.10%

（「結果レート」が高ければ、推定アクション率も高いと期待できる）

※ コンバージョン率
通常はクリック数に対するコンバージョン数の割合だが、Facebook広告ではインプレッション数に対する割合となる。

フリークエンシーが上昇していると危険信号

　さらに見ておきたい指標が「フリークエンシー」と「リーチ」です。配信から数日が経過した時点でフリークエンシーが上昇しており（目安として「2.0」以上）、かつリーチも伸びていないようであれば、オークションに負け始めている合図です。この場合も広告やターゲットを見直します。

　フリークエンシーは上昇せず、単にリーチが伸びないのであれば、予算の不足が疑われます。前節で解説した広告セットあたりの「1日の予算」の金額が少なすぎないか、入札戦略の「ターゲット単価」で指定した金額が適切かをチェックしましょう。1日の予算としては、最低でも5,000円は設定しておきたいところです。

安定期に入ったら週1のチェックでOK

　1週間が過ぎ、安定したCPAで配信できているなら、以降は週に1回程度の確認で問題ないでしょう。

　特に見ておきたいのは関連度スコアです。ユーザーが広告に飽きてくると、好意的な意見が「低」、否定的な意見が「高」に近づき、CTRが下がり、関連度スコアが下がっていきます。オークションに勝ちにくくなるとコンバージョン単価が高騰していくので、その時点で広告やターゲットの変更を検討しましょう。

　フリークエンシーが上昇してきた場合も同様ですが、配置別に確認し、右側広告枠が上昇しているだけなら、あまり気にしなくても大丈夫です。右側広告枠はPCでしか表示されずフィードの外側にあるので、くり返し表示されても影響は少ないためです。（高瀬）

> **まとめ**
> Facebookは「発見のメディア」とも言われます。広告やターゲットを見直すときには、そのユーザーにとって価値のある、新しい情報を提供することを意識しましょう。

89 リード獲得広告と自社LP、どちらを選ぶ？

いきなり移行せず、併用して結果を比較してみる

> 資料請求やセミナー集客では、自社のランディングページ（LP）に誘導してフォーム入力を促す施策が一般的です。同じ目的で使えるリード獲得広告と比較したときの成果から、実施方針を考えていきます。

リード獲得広告は本当に成果が出るのか？

本章の冒頭で解説したリード獲得広告は、筆者としてはおすすめの施策です（196ページを参照）。しかし、資料請求やセミナー集客に以前から取り組んできたマーケターなら、ランディングページ（LP）に誘導する施策に慣れているでしょう。

1つの事例として、筆者が自社開催のセミナー集客で、ランディングページ誘導とリード獲得広告の比較した結果を紹介します。以下の図にある2つのキャンペーンで実施しました〔図表89-1〕。

LP誘導とリード獲得広告のキャンペーン構成 〔図表89-1〕

キャンペーンA	キャンペーンB
ランディングページ誘導 （目的：コンバージョン）	リード獲得広告
広告セットC 興味・関心 / 広告セットD 優良顧客の類似	広告セットE 興味・関心 / 広告セットF 優良顧客の類似

コンバージョン率に10倍以上の差がつくことも

　キャンペーン別に集計した結果は、以下にある1つ目の表のようになりました〔図表89-2〕。リード獲得広告（キャンペーンB）のコンバージョン率が、ランディングページ誘導（キャンペーンA）のそれを圧倒的に上回り、単価も大幅に安く抑えられています。Aのパフォーマンスがやや悪い印象もしますが、これだけ差がつくと、リード獲得広告は大いに期待できると考えてよさそうです。

　2つ目の表は、リード獲得広告のキャンペーン内で興味・関心によるターゲット（広告セットE）と優良顧客の類似オーディエンス（広告セットF）を比較した結果です〔図表89-3〕。FのコンバージョンE率はEの5倍程度となっており、優良顧客の類似オーディエンスが秘めたポテンシャルの高さが伺えます。

　ただ、この結果はあくまで一例です。リード獲得広告はFacebook広告でしか使えないため、ランディングページ誘導のほうが効率的で自由度も高い、という判断ももちろんあるでしょう。まずは両方を実施し、比較してみることをおすすめします。（高瀬）

LP誘導とリード獲得広告の比較結果　〔図表89-2〕

キャンペーン	コンバージョン単価	コンバージョン率
A：ランディングページ誘導	¥12,000	1.90%
B：リード獲得広告	¥1,500	22.20%

リード獲得広告のターゲット別の比較結果　〔図表89-3〕

B：リード獲得広告の広告セット	コンバージョン単価	コンバージョン率
E：興味・関心（コアオーディエンス）	¥12,000	2.90%
F：優良顧客の類似オーディエンス	¥1,500	14.50%

> **まとめ**
> リード獲得広告は強力ですが、ちゃんと獲得できていないと単価が高騰し、割にあわなくなります。フォーム設計を工夫するとともに、定期的に成果をチェックしましょう。

90
オーディエンスの妄想と現実を埋めろ

本当のユーザーとのズレを検証する「オーディエンスインサイト」

> 広告の配信対象となるオーディエンスがどのような人なのか、検証しないまま施策を続けていませんか？ Facebookの豊富なユーザーデータから実像を把握し、マーケティング活動に生かしましょう。

ターゲティングしているのは誰かを明らかにする

　Facebook広告の高いターゲティング精度を生かすうえで、「実際のところ、自社の広告は誰に配信されているのか？」について理解を深めることは重要です。

　趣味・関心でターゲティングしたユーザーや、Facebookページに「いいね！」したユーザーがどのような年齢層で構成され、ほかにどのようなことに関心を持っているのか？ それを確認できるツールが、管理画面のメニュー内にある「オーディエンスインサイト」です。Instagramのユーザーは含まれず、Facebookのみが対象となります。

実際に配信されるのはどんな人なのか？ちゃんと考えないとね

的はずれな属性へのターゲティングを防ぐ

　Facebook広告を初めて配信するときには、ターゲティングの設定の「趣味・関心」から自社商品と関連性のあるものをいくつか選択し、オーディエンスを作成するケースがよく見られます。

　例えば、青汁を販売するECサイトがあるとしましょう。このサイトの担当者は、自社のターゲットユーザーについて「青汁に興味があり、年齢は40〜50歳くらいで女性が多い」と予想するかもしれませんが、それはあくまで仮説の範囲です。本当に正しいのかを検証するために、オーディエンスインサイトを活用するわけです。

　以下の画面は趣味・関心で「青汁」を選択し、年齢・性別は設定せずに「利用者層」で検証した例です〔図表90-1〕。濃い棒が検証結果、薄い棒がFacebook全体を表していますが、検証結果は35歳以上の女性と、45歳以上の男性の割合が多くなっています。

　40〜50歳の女性という予想だけで広告を作成・配信していたら、多くのユーザーを取りこぼしていた可能性があります。実際に関心のあるユーザーの属性をオーディエンスインサイトで把握することで、こうした認識のズレを防げます。

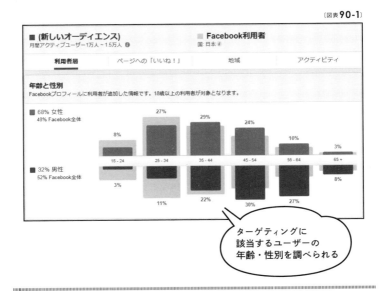

〔図表90-1〕

ターゲットを現実的なユーザーに近づける

利用者層とあわせて、オーディエンスインサイトで見ておきたいポイントが『ページへの「いいね！」』です。設定したターゲティングに含まれるユーザーが、どのようなFacebookページに「いいね！」しているのかがわかります。

以下の2つの画面は、趣味・関心で「青汁」を選択したオーディエンスに「35歳以上の女性」〔図表90-2〕、「45歳以上の男性」〔図表90-3〕という条件を加えて検証した例です。

35歳以上の女性は、青汁以外にも良質な水やプラセンタなど、エイジングケアを意識したFacebookページに関心を持っています。一方、45歳以上の男性は、青汁の反動からか高級なハンバーグや、投資信託などの資産運用に関心を持ちやすい傾向が見られます。

「青汁に関心がある年齢層が高めの男女」というざっくりとしたユーザーに、エイジングケアや資産運用といった関心を肉付けすることで、より現実的なユーザーへと近づいていけるでしょう。

〔図表90-2〕

Facebookページ	関連度	ターゲット	Facebook	アフィニティ
Aojiru World	1	517	2K	94713x...
極天然水（きわみてんねんすい）	2	318	2.6K	43936x...
するっとスッキリ！	3	306	3.4K	
優験プラセンタ	4	292	3.6K	

35歳以上の女性はエイジングケアにも関心がある

〔図表90-3〕

Facebookページ	関連度	ターゲット	Facebook	アフィニティ
Aojiru World	1	555	1.9K	2244...
島原ハンバーグ	2	338	5.3K	49361x...
アルピナウォーター	3	331	7.3K	
三井住友アセットマネジメント「投信値販ネット」	4	334	7.4K	

45歳以上の男性は資産運用にも関心がある

AdWordsのターゲティングやコンテンツ制作にも活用

オーディエンスインサイトの活用法としては、Facebook広告以外の広告ネットワークにおけるターゲティングや、自社サイトのコンテンツ制作のヒントにするのも有効です。

前章の例として登場した「青汁商品のターゲットA」(103ページを参照)を思い浮かべてみましょう。趣味・関心が「青汁」、年齢が55歳の女性という条件で作成したオーディエンスで『ページへの「いいね！」』を調べてみると、ミネラル天然水やチラコイド、オーガニック化粧品などにも関心を持っていることがわかります〔図表90-4〕。

これらの情報をもとにFacebook広告でアプローチするのもいいですが、同時にAdWordsのディスプレイ広告でキーワードを指定してコンテンツターゲティングを実施するアイデアも考えられそうです。「なぜチラコイドよりも青汁が選ばれるのか？」といったコンテンツを自社サイトに掲載するなどの施策も考えられ、Facebook広告を超えたマーケティング活動に生かせるでしょう。（高瀬）

〔図表90-4〕

Facebookページ	関連度	ターゲット	Facebook	アフィニティ
美まもり水	1	12	3.5K	34622x
チラコイド	2	8	2.7K	30324x
ルイール恵比寿	3	10	3.6K	28348x
パリのオーガニックコスメ・カティエ	4	10	4.5K	22615x
Tea information	5	17	7.9K	21642x
It's so easy	6	11	6.6K	16723x
EXE			4.9K	16369x

ユーザーが持つ関心をAdWordsのターゲティングやコンテンツ制作にも生かせる

> **まとめ**
> Facebookが持つ「人」ベースの情報に基づいた分析ができるため、使い勝手がよく、有益な情報を得られます。ネット広告に限らず活用していきましょう。

91
サイト内の行動に基づく濃いリストを作る

リターゲティングの精度を高めるFacebook Analytics活用

> 「コンバージョンに近い人」「数多くコンバージョンした人」といった詳細な条件でのリスト化を可能にするのが、Facebook Analyticsによるオーディエンスの作成です。今後の発展が特に期待されます。

GAリマーケティングのFacebook版

「Facebook Analytics」とは、いわばFacebookピクセルに基づくGoogleアナリティクスのようなツールで、この施策はGAリマーケティング（149ページを参照）をFacebook広告で行うもの、と言い換えてもいいでしょう。Facebook Analyticsで作成したセグメントをFacebook広告のカスタムオーディエンスとして使用します。

Googleアナリティクスほど細かなセグメントはできませんが、ユーザーの特定のアクション、例えばセッションやページビュー、コンバージョンに対して「このアクションをもっとも多く実行した人の上位5%」といった割合の指定でリスト化できる点が、Facebook Analyticsの強みです。

本書執筆時点では、ピクセルに基づくセグメントからカスタムオーディエンスを作成する機能はリリースされたばかりで、「ターゲットが少なすぎます」などと表示されることがあります。まだ万全の状態ではないようですが、今後のアップデートで確実に強力なものになっていくでしょう。実施手順は次ページの通りです。

実施手順

① Facebook広告の管理画面のメニューから［Analytics］を選択する。
② ［アナリティクスエンティティを選択］で自社サイトのピクセルを選択する。
③ ［セグメントを追加］から［新しいセグメントを作成］を選択する。
④ 「条件」や「パーセンタイル」から条件を設定し、セグメントを保存する〔図表91-1〕。
⑤ セグメントからカスタムオーディエンスを作成すると、Facebook広告のターゲティングに利用できる〔図表91-2〕。

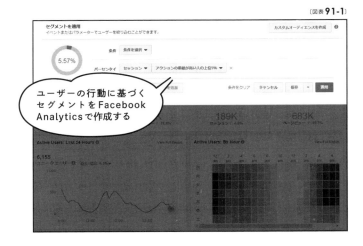

〔図表91-1〕
ユーザーの行動に基づくセグメントをFacebook Analyticsで作成する

〔図表91-2〕
広告アカウントなどを指定すると、セグメントからカスタムオーディエンスを作成できる

見込みの高いユーザーや濃いユーザーを選出する

Facebook Analytiscから作成するセグメントとカスタムオーディエンスのアイデアとしては、以下のようなものが考えられます。

疑似スマートリスト

「セッション品質(価値)が高い人の上位5%」で作成。セッション品質とは機械学習が判断したコンバージョンへの近さのことで、GAリマーケティングのスマートリスト(152ページを参照)のような効果が期待できますが、本書執筆時点ではオーディエンスが正しく作成されませんでした。

濃いコンバージョンユーザー

「コンバージョンをもっとも多く実行した人の上位5%」で作成。顧客からロイヤルカスタマーが自動的に選出され、これを基にした類似オーディエンスを作成することで有望な新規ユーザーにアプローチできます。こちらは本書執筆時点でも作成可能でした。

ほかにも、従来はできなかったデモグラフィックベースのセグメントや、特定サイトからの訪問のリスト化などが可能になっていくと予想されるので、リターゲティング以外の施策でも活用を検討してみてください。(高瀬)

まとめ

Facebook Analyticsのセグメントを利用すれば、ターゲティングの幅がさらに広がります。今後のアップデートに期待しつつ、効果を検証しながら試していきましょう。

Chapter 5

評価と改善

成長のための Check & Action

92
KPTで振り返り、アクションを起こせ

「良い」「悪い」と次に挑戦したいことをチームで整理する

> これまでに行った施策を評価し、改善のアクションに結びつけるための考え方を見ていきましょう。チーム全体の意思統一を図るには、会議などの場で実施する「KPT」が有効です。

定期的なミーティングで次のアクションを決める

　ネット広告は出せば終わりではなく、続いていくものです。経過を確認し、良い点を伸ばし、悪い点を潰して改善を行う。このくり返しが基本になります。そこで取り入れたいのが「KPT」です。

　KPTはソフトウェア開発の現場でよく使われる、プロジェクトを定期的に振り返って問題点を次に生かすためのメソッドです。「Keep」「Probrem」「Try」の頭文字を表しています。

　行っていることのうち「良い」ので続けたいことがKeep、「悪い」ので解決したいことがProblem、それらを受けて次に挑戦したいことがTryとなります。AdWordsやFacebook広告の新機能を試すなど、単にやってみたいことをTryに含めてもかまいません。

　KPTを取り入れることのメリットは2つあると筆者は考えています。1つは、悪いことをそのままにせず、しっかりと向き合って対処できることです。些細に思えることでもチームの前で言葉にし、解決していくクセをつけると、負けにくい（=成果が悪化しにくい）アカウントになっていきます。

もう1つは、良いものをさらに伸ばそうとする意識が向くことです。Tryがあることで受け身ではなく積極的な姿勢を保ちやすく、ポジティブなサイクルが回るようになります。具体的なKPIの例を以下の図に示すので、参考にしてください〔図表92-1〕。（寳）

〔実施手順〕

① ネット広告運用に携わる主要なメンバーで、定期的（月1〜2回程度）なミーティングを設定する。

② ミーティングの開催時、KeepとProblemを紙やホワイトボードに書き込み、全員で共有する。

③ KeepやProblemについて話し合い、Tryを書き出す。

④ ミーティング後、各自でTryを実行する。これをくり返す。

KPTの例　〔図表**92-1**〕

今週のKPT　　　　　　　　　20xx. x. xx

Keep
X/xxに追加した広告が好調。
ここからクリック、CVが増えはじめている
インプレッションシェアも上昇
言い回しをちょっと変えただけ

Problem
検索広告向けユーザーリストを追加
した日から露出が激減。
掲載先のしぼりこみを行ってしまって
いた。

Try
他のキャンペーンでも言い回しを
変えた広告文を作ってみる。

入札単価に修正済み。
チェックリストに入れる。

(新)
ブログで見た
RLSAとFacebook広告の
合わせ技を試してみる。

> **まとめ**
> 問題ばかりに目を向けるのではなく、良い兆候を根気よく伸ばすことで全体を改善できることもあります。常に良い面と悪い面の両方を見ようとするのもKPTのメリットです。

5　評価と改善

93

見えにくい原因は Tableauで探し出す

広告データを深掘りする「Tableauのアドホックな活用」

> ネット広告運用では、データが物を言います。近年ニーズが高まっている「Tableau」などのBIツール＆ビジネスアナリティクスの活用が、原因の特定や改善のための知見を得るうえで大いに役立ちます。

データの「探索」で見えにくい事実や傾向をつかむ

ネット広告の成果が急激に落ちているとき、何をすべきでしょうか。

短期的には、多大な費用が失われないように出稿を止めるなどの手を打つでしょう。同時に、原因を特定して根本的に解決するためのアクションを起こすことが求められます。

原因を特定するには、頭の中でひたすら考えるだけでなく、対象となるデータを「探索」し、手がかりとなる事実や傾向を発見するプロセスが必要です。このとき、BIツール[※1]の「Tableau」（タブロー）があると重宝します。

管理画面からダウンロードしたデータを活用

Tableau Desktop[※2]はレポーティングにも使えますが、広告運用の現場ではデータ探索の用途でよく使われます。筆者はこれを「Tableauのアドホック[※3]な活用」と呼んでいます。

運用者自身が原因の手がかりを見つけるのが目的なので、複雑で美しいビジュアライズは必要ありません。管理画面から得たデータ

※1　BIツール
BIは「Business Intelligence」の略。データ分析によって企業の意思決定に役立つ知見を得る手法のこと。

※2　Tableau Desktop
Windows/Mac向けのソフトウェア。年間51,000円（税抜）から利用できる。企業向けのサブスクリプションプランや14日間の無料トライアルも用意されている。

の切り口を変える、グラフの表現を変える、フィルタで絞り込むなどして、ひたすら探索に集中します。

例えば、特定の興味・関心カテゴリやプレースメントの露出が増えているなど、管理画面では見つけにくい変化も、Tableauであれば発見できる可能性が高まります。チームでの導入をぜひ検討してみてください。(寳)

実施手順

① AdWordsの管理画面からレポートをExcel形式などでダウンロードする。CSV（カンマ区切り）やTSV（タブ区切り）でも可。

② AdWordsのレポートは1行目がレポート名、2行目が項目名になっている。Tableauでは1行目を項目名として認識するため、Excelなどで1行目を削除しておく。

③ TableauのデータソースとしてAdWordsのレポートを取り込み、ビジュアライズする〔図表93-1〕。

〔図表93-1〕

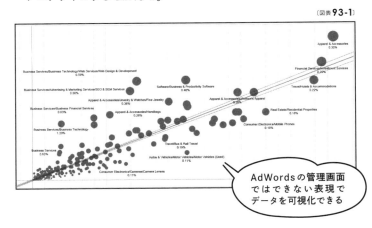

AdWordsの管理画面ではできない表現でデータを可視化できる

> まとめ
> AdWordsやFacebook広告のデータは構造的に整っており、その点でも「Tableauのアドホックな活用」に向いています。より早く原因にたどり着けるでしょう。

※3　アドホック
「特定の目的のための」という意味。ほかにも、無線LANの子機同士による通信をアドホックモードと呼ぶ。

94

アクションの提案には「空・雨・傘」

問題解決力を高める思考の型を広告運用に取り入れる

> 広告運用者には、自社やクライアントといった組織を動かす役割も求められます。発見した状況を正しく解釈し、その結論として解決策（＝アクション）を提案するために、思考の型を取り入れましょう。

論理的かつスピーディーに状況を改善させる

「キャンペーンAは前月と比べてCPAが悪化している」。そうした事実に気づいたとき、どのように状況を解釈し、結論を出すかは、その後のアクションに大きく影響します。

「空・雨・傘」は、ビジネスにおける問題解決に役立つ思考の型です。直面する状況を「空」、状況への解釈を「雨」、解釈に基づく結論を「傘」とし、ひとつづきのストーリーとして考えます。

「空は曇っている」（状況）
「雨が降りそうだ」（解釈）
「傘を持って出かけよう」（結論）

という具合です。この思考法はネット広告運用にも応用でき、何か問題が起きたときに空・雨・傘を使って考えると、論理的かつスピーディーに解決の方向に向かうことができます。

加えて、アクションを実行するときには「How To Do」も明らかにします〔図表94-1〕。文字通り「どうやるか」で、担当者、スケジュール、コストなどを具体的に検討します。

空・雨・傘＋How To Doの例 〔図表94-1〕

状況
キャンペーンAのCPAが
悪化している

解釈
競合の新商品が
広告を開始。勝負すべし

結論
許容するCPAを上げて
強気に。広告文も変更

How to Do　アクション

・寶が競合の新商品を調べて勝てるポイントを見つけ、広告文に反映（担当者）
・〇月〇日までに上記を実施し、〇月〇日まで結果を注視する（スケジュール）
・競合への流出を食い止めるため、予算を〇円追加する（コスト）

解決策は1つとは限らない

　空・雨・傘で陥りがちなミスが3つあります。1つ目は「同じ空を見ていない」。ネット広告の管理画面、Googleアナリティクス、基幹システムなどでは、コンバージョンの定義が異なります。同じものを見ていない場合、解釈や結論は噛み合いません。

　2つ目は「雨（＝熟慮）がない」です。前月と比べてCPAが悪化したから（空）、そのキャンペーンを停止する（傘）では、短絡的な解釈となり成果が改善しません。問題に対して熟慮を重ねる「雨」は、正しい解決策を導くために不可欠です。

　3つ目は「傘が不十分」。熟慮に基づいた結論も、唯一の解決策とは限りません。CPAを改善する方法は、短期・長期、集客視点・回遊視点などで分けて考えれば複数存在します。ほかにできることがないか、考えるクセをつけましょう。（寶）

> **まとめ**
> あなたが考えた解決策を上司に提案するとき、空・雨・傘に沿っているかで反応が変わるはずです。筆者はクライアントに説明するときに意識するようにしています。

95
ダッシュボードは溝を埋めるツール

定期レポートで発生するムダを最小限に抑える

> 膨大なデータを扱うネット広告では、レポーティングにおけるさまざまな悲劇が起こります。関係者全員で必要な情報のすり合わせを図ったうえで、工数を抑えたダッシュボードを作りましょう。

長大な資料が求められていないことも

　広告運用のプロジェクトでは至るところに「溝」があり、溝を挟んだ両者の議論はすれ違いがちです。例えば、マネージャーと現場の溝、広告を出稿する事業会社と代理店の溝です。

　ある代理店の担当者は、クライアントの事業会社への月次報告資料の用意に毎月3日もの時間をかけ、50ページ以上のPDFファイルを納品していました。しかし、その事業会社にヒアリングしたところ、資料が社内会議で吟味される時間は5分に満たないそうです。このように、レポート作成では多くの貴重な時間が損なわれがちです。

　また、例えば「全体の成果」といったとき、代理店は「広告の成果」を全体と捉えるかもしれませんが、事業会社にとってネット広告は集客チャネルの1つにすぎません。全体といえば「自社ビジネスの成果」が見えているはずで、視座がズレています。

　こうした溝を乗り越えるきっかけとなるのが「ダッシュボード」です。ダッシュボードとは複数のレポートを集約し、重要なデータをひと目で確認できるようにしたものを指します。

意思決定のための指標をダッシュボードに盛り込む

　ダッシュボードを作成するための無料で使いやすいツールに、Googleデータスタジオ[※]があります。以下の画面は、サイト全体のセッションを広告、自然検索、参照元のチャネルごとに総数と推移がわかるようにしたダッシュボードです〔図表95-1〕。

　一例ではありますが、こうしたダッシュボードを作っておくと、セッションやコンバージョンのトレンドが広告経由で特有のものなのか、ほかのチャネルも含めたものなのかが、すぐにわかります。データスタジオからAdWordsとGoogleアナリティクスに接続することで作成でき、一度作成すれば、データは自動的に更新されます。レポート作成の時間短縮にもなるはずです。

　関係者全員が定期的に見て、有意義な議論や意思決定ができる指標をあらかじめ決めておき、それをダッシュボードに盛り込むようにすれば、さまざまな溝を乗り越えられます。これは広告運用のレポーティングにおいて、必然の流れであると思います。（寳）

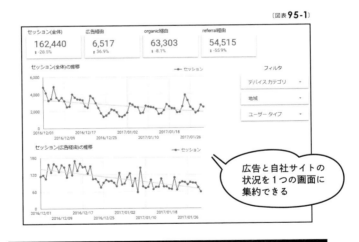

〔図表95-1〕

広告と自社サイトの状況を1つの画面に集約できる

> ダッシュボードを作り込みすぎるのも意味がありません。全員がちゃんと見る「血の通った」レポートにするには、関係者との意識あわせを徹底することが大事です。

※　Googleデータスタジオ
https://datastudio.google.com/

96
費用データの集約は統合分析の第一歩

広告の成果をGoogleアナリティクスで俯瞰的に見る

> Googleアナリティクスは Web 解析ツールであるとともに、複数の広告ネットワークのデータを集約するプラットフォームとしても機能します。まずは広告の費用データの取り込みから始めましょう。

AdWordsとFacebook広告をまたいで成果を把握

　広告ネットワークでは、それぞれの設計思想に基づいて指標が定められています。AdWordsとFacebook広告におけるコンバージョンの定義も、厳密に同じではありません。

　よって、異なる広告ネットワークの成果を俯瞰的に捉えるとき、それぞれの管理画面で見たデータを足し上げるのではなく、Googleアナリティクスに集約するのが理想的です。Googleアナリティクスを統合分析のためのプラットフォームとして活用する取り組みは、自社の広告を管理するうえで非常に有効です。

　このとき、コンバージョンについてはGoogleアナリティクスの目標、またはeコマーストラッキングのトランザクションとして計測します。一方、広告運用にかかった費用については、Googleアナリティクスで計測する手段がありません。これは広告ネットワークとのリンクやデータのインポートで解決します。

　最終的には、次ページの図のように、Googleアナリティクスを基にしたデータスタジオでのダッシュボード化を目指します［図表96-1］。

統合分析環境の例 〔図表96-1〕

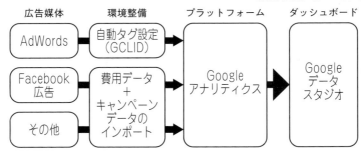

「データインポート」機能で環境を整備する

統合分析を可能にするには、Googleアナリティクスでの環境整備が必要です。AdWordsについては自動タグ設定(※1)をオンにすれば、費用データを含む詳細な情報が自動的に取り込まれます。

Facebook広告などでは、広告のリンク先URLにキャンペーンパラメータ(※2)を付与することで、広告経由でのトラフィックやコンバージョンの計測が可能になります。ただ、これに費用データは含まれないので、管理画面から入手したデータを手動でインポートします。実施手順は以下と次ページの画面の通りです。(寳)

〔実施手順〕
① Facebook広告の管理画面から、キャンペーンごとの費用データなどをエクスポートしておく。
② Googleアナリティクスの［管理］画面で［データのインポート］を選択する。
③ 新しいデータセットを作成して［費用データ］を選択し、必要な列などを設定する〔図表96-2〕。
④ データセットを保存し、スキーマのテンプレートをダウンロードする。
⑤ スキーマのテンプレートをExcelなどで開き、広告の費用データなどを該当する列にコピーする〔図表96-3〕。
⑥ 更新したスキーマをGoogleアナリティクスにアップロードする。

※1 自動タグ設定
AdWordsとGoogleアナリティクスのリンク時に標準でオンになる。21ページを参照。

※2 キャンペーンパラメータ
URL末尾の「?utm_source=○○」などの文字列で示される、トラフィック情報を表すパラメータのこと。283ページを参照。

[図表96-2]

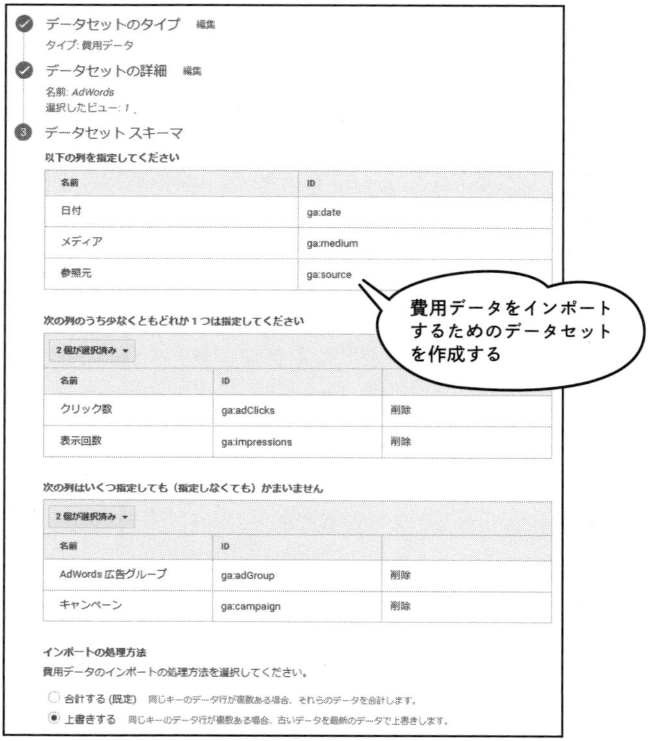

- ✓ データセットのタイプ　編集
  タイプ: 費用データ
- ✓ データセットの詳細　編集
  名前: AdWords
  選択したビュー: 1
- ③ データセット スキーマ

以下の列を指定してください

名前	ID
日付	ga:date
メディア	ga:medium
参照元	ga:source

> 費用データをインポートするためのデータセットを作成する

次の列のうち少なくともどれか1つは指定してください

2個が選択済み ▼

名前	ID	
クリック数	ga:adClicks	削除
表示回数	ga:impressions	削除

次の列はいくつ指定しても（指定しなくても）かまいません

2個が選択済み ▼

名前	ID	
AdWords 広告グループ	ga:adGroup	削除
キャンペーン	ga:campaign	削除

インポートの処理方法
費用データのインポートの処理方法を選択してください。

○ 合計する（既定）　同じキーのデータ行が複数ある場合、それらのデータを合計します。
● 上書きする　同じキーのデータ行が複数ある場合、古いデータを最新のデータで上書きします。

[図表96-3]

	A	B	C	D	E	F	G	H
1	ga:date	ga:source	ga:medium	ga:campaign	ga:adGroup	ga:impressions	ga:adClicks	ga:adCost
2	20180201	facebook	display	FB_Foldingbike	Group_A	10,000	300	¥6,200
3	20180202	facebook	display	FB_Foldingbike	Group_A	9,500	280	¥5,900
4	20180203	facebook	display	FB_Foldingbike	Group_A	12,000	400	¥7,800
5	20180201	facebook	display	FB_Foldingbike	Group_B	4,000	200	¥2,800
6	20180202	facebook	display	FB_Foldingbike	Group_B	3,500	280	¥3,650
7	20180203	facebook	display	FB_Foldingbike	Group_B	7,000	300	¥3,950
8								

> テンプレートにエクスポートしたデータをコピーする

まとめ

代理店に依頼している場合、レポートが提出されるまで成果が見えないのも不便です。自社のGoogleアナリティクスに集約すれば「見たいときに見られる」メリットもあります。

97

GoogleとFacebookをフラットに捉える

広告グループレベルでの統合分析環境を整える

> AdWordsとFacebook広告のキャンペーン、および広告グループと広告セットは、同じ粒度で分析できると評価する際に便利です。これはキャンペーンデータのインポートで実現できます。

通常のパラメータではキャンペーン以下を捕捉できない

　Googleアナリティクスでは、広告のリンク先URLに付与されたキャンペーンパラメータを認識することで、それがどの広告経由のトラフィックやコンバージョンであったかを計測します。主なパラメータは以下の表の通りです〔図表**97-1**〕。

　ただ、通常のパラメータにはキャンペーンに相当するものはあっても、AdWordsの広告グループ、Facebook広告の広告セットに相当するものはありません。2つをまたいで、キャンペーン配下のレベルで成果をフラットに捉えたい場合、ひと工夫が必要です。

通常のキャンペーンパラメータの例　〔図表**97-1**〕

パラメータ	内容
utm_source	トラフィックの参照元を表す。「facebook」など、広告ネットワークやサイトの名前で指定するのが一般的。
utm_medium	トラフィックのメディアを表す。検索広告は「cpc」「ppc」、ディスプレイ広告は「display」、SNSは「social」などがある。
utm_campaign	トラフィックのキャンペーンを表す。AdWordsやFacebook広告のキャンペーンに相当し、その名前とそろえるのが一般的。

キャンペーンのデータをインポートして対応

そこで活躍するのが、Googleアナリティクスの機能である「キャンペーンデータ」のインポートです。少々複雑ではありますが、実施手順は以下のようになります。

(実施手順)

① Googleアナリティクスの[管理]画面で[データのインポート]を選択する。
② 新しいデータセットを作成して[キャンペーンデータ]を選択し、必要な列などを設定する〔図表97-2〕。
③ データセットを保存し、スキーマのテンプレートをダウンロードする。
④ スキーマのテンプレートをExcelなどで開き、キャンペーンコードごとに参照元やメディア、キャンペーン、広告グループ（広告セット）を定義したデータを作成する〔図表97-3〕。
⑤ 更新したスキーマをGoogleアナリティクスにアップロードする。
⑥ 広告のリンク先URLのパラメータを「utm_id」から始まるものに変更する〔図表97-4〕。

〔図表97-2〕

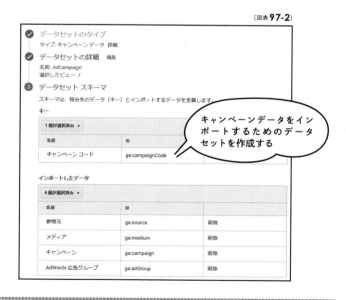

キャンペーンデータをインポートするためのデータセットを作成する

[図表97-3]

utm_idを使用したキャンペーンパラメータの例 [図表97-4]

通常のキャンペーンパラメータ

https://cycle.dekiru.net ?utm_source=facebook&utm_media=display&utm_campaign=FB_Foldingbike

utm_idを使用したキャンペーンパラメータ

https://cycle.dekiru.net ?utm_id=FB_Foldingbike_GroupA

utm_idにキャンペーンコード（ga:campaignCode）を指定することで、参照元、メディア、キャンペーン、広告グループ＆広告セットを紐付けられる。

　設定が完了すると、Googleアナリティクスのディメンション「AdWords広告グループ」に、Facebook広告の広告セットなどのデータも格納されるようになります。前節で解説した費用データのインポートとあわせて実施することで、AdWordsとFacebook広告のトラフィックデータと費用データを、キャンペーンと広告グループ・広告セットの同じ粒度でGoogleアナリティクスに集約でき、統合分析の環境が整ったことになります。

　ただ、AdWordsとFacebook広告のアカウント構成によっては、粒度があわないケースも存在します。厳密に一致させることよりも、傾向を把握することを目的に取り組みましょう。（寳）

> **まとめ**
> 最初にひと手間かかるほか、キャンペーンや広告グループが増えたときには更新も必要ですが、AdWordsとFacebook広告を横断した可視化には欠かせない設定です。

98
分析の原則はグルーピング、セグメント、クロス集計

「まとめる」「分ける」「組み合わせる」を常に意識する

> ネット広告のデータは簡単に得られるだけに、さまざまなデータから何かを引き出そうとして、時間を失ってしまうことがあります。混乱してきたら3つの原則を振り返り、シンプルに分析しましょう。

データの海で迷子にならないために

AdWordsもFacebook広告も、非常に細かく整ったデータを取得できるという特徴があります。しかし、その膨大なデータに溺れ、分析にムダな時間をかけてしまうことも少なくありません。

データから手がかりを得るにはコツがあります。以下の3つを原則を意識しながら分析に取り組んでください。

グルーピング

関連したデータでグループを作り、まとめることです。例えば、通常は月単位で見ているデータも、年単位でまとめて前年と比較すると広告の成果を大きな視点で捉えられ、ビジネスの成長も明確になります〔図表98-1〕。

年単位でグルーピングした例 〔図表98-1〕

年	費用	コンバージョン	費用 (前年比)	コンバージョン (前年比)
2015年	¥1,000,000	1,000	-	-
2016年	¥1,100,000	1,200	110%	120%
2017年	¥1,200,000	1,500	109%	125%

セグメント

データを分けて、ある一部分に注目することです。例えば、2017年の費用と成果をデバイス別に見たい場合、セグメントとして分けることで実数と構成比を比較できます〔図表**98-2**〕。この例ではスマートフォンに改善の余地がありそうです。

デバイス別でセグメントした例　〔図表**98-2**〕

年	費用	コンバージョン	費用 (構成比)	コンバージョン (構成比)
PC	¥480,000	750	40%	50%
スマートフォン	¥600,000	675	50%	45%
タブレット	¥120,000	75	10%	5%

クロス集計

2つの軸(ディメンション)を組み合わせることです。例えば、どの軸キーワードとサブキーワードの組み合わせでクリックが多いのかを知りたいとき、キーワードをグルーピングしたうえで縦軸と横軸を割り振ります〔図表**98-3**〕。この例では「折りたたみ自転車」のみ、軽量系のサブキーワードの反応がいいことがわかります。Excelでは条件付き書式でセルを色分けすると、データの善し悪しを直感的に把握できます。(寳)

キーワードの種類でクロス集計した例　〔図表**98-3**〕

軸キーワード	サブキーワード 「+価格」	サブキーワード 「+ランキング」	サブキーワード 「+軽量」	合計
折りたたみ自転車	53%	20%	27%	100%
フォールディングバイク	71%	12%	17%	100%
小径車	73%	18%	9%	100%

> **まとめ**
> 必要なデータをエクスポートし、Excelを使ってやる形で十分です。特にクロス集計は活用の幅が広いうえに示唆が得られやすく、アクションにつながりやすいと感じます。

99
「それ」と「それ以外」を忘れるな

施策は「全体に与えたインパクト」で評価する

> データで人を動かすにはコツがあります。行った施策がうまくいき、そのインパクトを経営層やマネージャーに正しく評価してもらいたいなら、「それ」と「それ以外」をレポートに盛り込みましょう。

比較対象がないと善し悪しを判断できない

現場の広告運用者がある施策の効果を報告するとき、「それ」だけを考えてレポートを作成しがちです。しかし、同時に「それ以外」の視点を持つことを意識してください。

例えば、新施策のキャンペーンXで期待以上の効果が出たことを喜び、以下の表のようなレポートを会議に提出したとします〔図表99-1〕。経営層やマネージャーは、その効果の重大さを理解してくれるでしょうか？

この表にあるデータを見ただけでは、「ネット広告全体の施策において、キャンペーンXが与えたインパクトはどれくらいなのか？」がまったくわからず、善し悪しを判断しようがありません。キャンペーンXだけでなく、X以外のデータも必要なのです。

レポート「キャンペーンXの効果」(悪い例) 〔図表99-1〕

キャンペーン	IMP	CTR	CPC	費用	CV	CVR	CPA
X	50,000	1.0%	¥50	¥25,000	20	4.0%	¥1,250

全体の視点をそろえたうえで論点を明らかにする

　このとき示すべきデータは、以下の2つのような表です〔図表**99-2**〕。キャンペーンXの実行前に行っていたキャンペーンA/B/Cのデータを加えるとともに、Xの実行後のデータにX以外のキャンペーンのデータも併記した形です。

　実行前と実行後、XとX以外を比較することで、論点である「Xが全体に与えたインパクト」が誰の目にも明らかになります。この例で言えば、全体のコンバージョンを増やしながらCPAを抑えた、というインパクトです。

　なお、報告時には「全体が何を指すのか」にも注意します。ネット広告全体なのか、サイトに流入するチャネル全体なのか、視点をそろえたうえで分析やレポート作成に臨みましょう。（寶）

レポート「キャンペーンXの実行前・実行後」（良い例）　〔図表**99-2**〕

キャンペーン	IMP	CTR	CPC	費用	CV	CVR	CPA
A	30,000	2.0%	¥30	¥18,000	3	0.5%	¥6,000
B	80,000	1.5%	¥25	¥30,000	18	1.5%	¥1,667
C	15,000	3.0%	¥15	¥6,750	3	0.6%	¥2,500
合計	125,000	1.8%	¥24	¥54,750	24	1.1%	¥2,310

↓

キャンペーン	IMP	CTR	CPC	費用	CV	CVR	CPA
X	50,000	1.0%	¥50	¥25,000	20	4.0%	¥1,250
A/B/C	125,000	1.8%	¥24	¥54,750	24	1.1%	¥2,310
合計	175,000	1.6%	¥29	¥79,750	44	1.6%	¥1,825
実行前・実行後の比較	140%	87%	119%	146%	184%	151%	79%

> **まとめ**
> 現場レベルなら「それ」だけで話が通じることもありますが、意思決定層には「それ以外」がないと伝わりません。施策の評価で忘れてはならない視点です。

100
四半期ごとの
ミーティングも重要

長めのスパンで大きく振り返って、運用の軌道修正を図る

> 広告運用に関して月1回の定例ミーティングを実施している企業は多いと思いますが、四半期ごとでも実施することをおすすめします。マーケティング活動全体を振り返る、良い機会になるはずです。

月1回のミーティングでの方針転換は早すぎる

　ネット広告運用は日々刻々と状況が変わります。それをその都度、関係者全員に共有するのは現実的でなく、実務を担当するコアメンバーだけが管理画面などで見るのが適切です。これは自社と代理店、いずれで運用を行っていても同様です。

　そうなると、関係者全員で振り返る時間を月1回程度の定例ミーティングで持つことになりますが、筆者としてはさらに「四半期」で振り返る時間も持つことをおすすめします。

　なぜ四半期なのか？　それは運用方針の軌道修正を検討するスパンとして、3か月くらいがちょうどいいからです。

　広告文を作ることは日々の運用として、コアメンバーだけでサクサク動いていけるようにすべきです。月1回のミーティングは、毎月の目標達成度を振り返る機会になります。では、運用方針の見直しをいつやるべきかと考えると、月1回では早すぎですが、1年では遅すぎます。四半期が妥当でしょう。この振り返りにも、やはりKPTがフィットします（272ページを参照）。

マーケティング活動全体を振り返る場に

　四半期での振り返りで1つ、頭に留めておいてほしいことがあります。広告運用の関係者が集まる場ではありますが、ネット広告の話だけをするのはもったいない、ということです。

　本書のテーマであるGoogleとFacebookの広告は、デジタルマーケティングの一手法でありつつも、「商品の販売・利用を促進する」のみならず「顧客を理解し、売れる仕組みを作る」というマーケティングの本質に迫る役割も持ちます。日々、広告運用に携わるコアメンバーとしては、関係者全員、特に経営層やマネージャーが気づいていない顧客のニーズや気持ちについて、データを通して理解を深めているはずです。

「あるキーワードで検索する顧客が増えている。新しいニーズが生まれているのではないか」

「今までにない広告文の言い回しが支持された。つまり、そう考えている顧客もいるということだ」

といった発見をコアメンバーが発信し、自社のマーケティング活動そのものに生かすことができれば、四半期ごとの振り返りはさらに有意義なものになるはずです。(寳)

成功事例は社内の多くの人に知ってもらうといいよ！

> **まとめ**
> 可能であれば、四半期での振り返りには「商品やサービスの担当者」も巻き込みましょう。商品やサービスそのものを改善するのも、マーケティング活動の1つです。

101
変化の連続を受け入れよう

当初の計画のまま成長し続けることはありえない

> 世の中は不確実で、何が起こるかわかりません。ネット広告も同様で、どうしてうまくいかないのかと悩んでしまうこともあるでしょう。ダメなら次と、手を打ち続けることが大切です。

広告の成果は落ち込みと復活をくり返す

ネット広告の成果が伸びていくとき、直線的な右肩上がりとなることは、まずありません。多くは落ち込みと復活をくり返して、次ページの図のような曲線を描いて推移します〔図表**101-1**〕。

新しい技術や流行り廃り、ユーザー動向の変化、競合の台頭、さらには自然災害や国際情勢の急激な変化まで、落ち込み（=逆境）に陥る原因はさまざまです。しかし、そのときに「計画と違う……」と狼狽し、当初の計画にこだわり続けるのは賢明ではありません。変化を受け入れて、乗り越えていく力を持つことが重要です。

「レジリエンス」はもともとは心理学の言葉ですが、近年では「逆境に立ち向かう強さ」「折れない心」といった意味のビジネス用語としても使われます。企業や個人が極度の状況変化に直面したとき、目的と健全性を回復・維持する能力とも言えます。

では、広告運用におけるレジリエンスとは何でしょうか？ 筆者は「従来の計画・施策に固執するのをやめ、次のアクションを起こしていく力」だと考えます。

ネット広告の「計画」と「実際」のイメージ 〔図表101-1〕

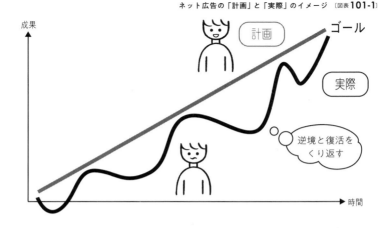

変化を許容し、次のアクションができるかが勝負

アドテクノロジーは日進月歩で、ユーザーのニーズも変化し続けています。成功を定義し、ゴールを目指して動いたとしても、当初の思惑通りに進むことなどほとんどないかもしれません。

加えて、計画・施策がうまくいかなかったとき、運用者自身もチームのメンバーにも、変化を恐れて同じ方法を続けようとする力が必ず働きます。広告文やクリエイティブは以前に成果が出ていたものを踏襲したくなりますし、新しい技術やトレンドを取り入れるには学ぶ時間も必要でしょう。それを乗り越えて、思い切った"打ち手"を打てるかが勝負です。

広告運用はあらゆる点において、変化が前提です。ときには方針転換し、成功を「再定義」することにも目を向けます。何度でも建て直していきましょう。(寶)

> **まとめ**
> ダーウィンが言うように「生き残るのは変化できる者」です。同じ施策が通用し続けることはなく、意外なほど、すぐに成果が出なくなることもあります。変化あるのみです。

102 ネット広告の闇から身を守れ

ブランドセーフティ、ビューアビリティ、アドフラウドの考え方

> ネット広告には、目をそらすことのできないマイナス面もあります。近年注目される3つの課題についてGoogleとFacebookの取り組みを紹介しながら、自社や広告運用者が対応できることを見ていきます。

コンテンツを除外してブランド価値の毀損を回避

　AdWordsのディスプレイ広告やFacebook広告は、出稿する事業会社（自社）にとって「不適切なコンテンツ」の近くに表示されてしまう可能性があります。例えば、成人向け、惨事・紛争、宗教、出会い系、ギャンブルに関連するページや投稿が該当します。

　意図せずに広告が表示されると、自社の商品がそうしたコンテンツに関わっているとユーザーが誤解し、ブランドの価値を下げてしまうおそれがあります。「ブランドセーフティ」とは、広告による価値毀損からブランドを守ることを指します。

　Googleは複数の企業から苦情を受けたこともあり、2017年3月の時点で、不適切なコンテンツに広告を表示しない仕組みを強化すると宣言しました。AdWordsの管理画面には、ブランドに適さないコンテンツを掲載対象から除外する設定が用意されているので、必ずチェックしておきましょう〔図表102-1〕。

　Facebookではヘイトスピーチや暴力、テロリズムを助長する投稿をそもそも許容しておらず、コミュニティ規定に違反したコンテンツ

として、すぐに削除されるようになっています。2017年5月には、すでに4,500人いるコンテンツレビューチームを3,000人増員し、より迅速に対応するとの発表がマーク・ザッカーバーグCEOによって行われています。

　広告運用者ができることとしては、Facebook広告の管理画面にある広告セットの設定から、特定の配置やコンテンツのカテゴリを配信先から除外します〔図表102-2〕。また、ブロックリストを作成することで、特定のサイトやアプリを除外することも可能です。

〔図表102-1〕

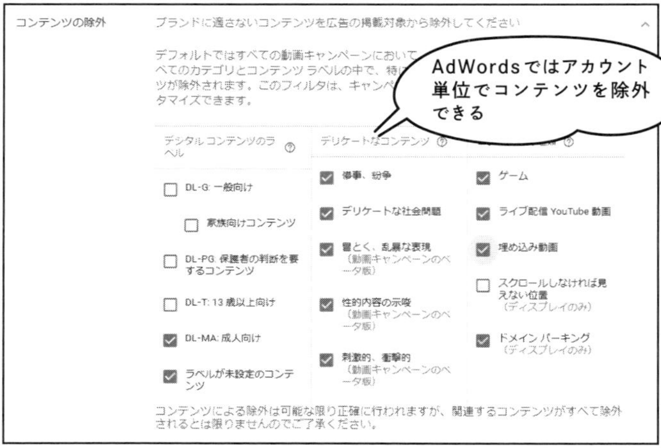

AdWordsではアカウント単位でコンテンツを除外できる

〔図表102-2〕

Facebook広告では広告セットの画面にある「配置」から除外カテゴリを設定する

広告の表示をユーザーの視認に基づいて計測

次に、ネット広告の「可視性」について考えてみましょう。広告が「表示された」タイミングをサーバーが広告を配信したときとするなら、ファーストビュー以外の位置にある広告は、最初にアクセスされた時点ではユーザーに見られていないことになります。

それでもインプレッションは発生するため、出稿した事業会社はユーザーがまったく見ていない広告に対して、費用を支払っている可能性がありえます。この問題を解決するのが、広告の可視性を測る「ビューアビリティ」(Viewability)です。

AdWordsはクリック課金を基本としていますが、Googleは業界に先駆け、2015年から視認範囲のインプレッション単価による広告掲載を開始しています。これは広告面積の50%以上が、ディスプレイ広告で1秒以上、動画広告で2秒以上表示されたときに「表示された」とみなすということです。Active View by Google(※)では、広告がどのようなタイミングで視認範囲と認識されるのかを体感できるので、一度見ておくといいでしょう〔図表**102-3**〕。

インプレッション課金が基本のFacebook広告ではサードパーティによる検証を強化しており、ビューアビリティの測定に関して米国のcomScore社など複数企業と連携しています。また、2017年9月の公式発表では、米国の非営利団体Media Rating Councilによる認定の獲得に向けて、審査を進めています。

〔図表**102-3**〕

ページをスクロールすると、ビューアビリティが変化する様子がわかる

※ Active View by Google
https://viewability.withgoogle.com/static/view.html

異常なクリック率を示すサイトに注意

　最後は、ネット広告における詐欺行為です。広告の配信先となるニュースメディアやブログの運営者が、ボットなどのコンピュータープログラムを通じて広告の表示やクリックを発生させ、不正に収益を得ようとする問題があります。このような手法は「アドフラウド」(Ad Fraud)と呼び、「広告詐欺」と訳されます。

　例えば、自社のディスプレイ広告が掲載されているサイトで、サイト運営者が悪意を持ってクリックボットを利用したとします。そのサイトのクリック率は高くなりますが、実はクリックしているのは人間ではなくボットであり、何の成果にもつながらないクリックに広告費を支払い続けることになってしまいます。

　GoogleとFacebookでは、無効なクリックには課金しない仕組みを以前から備えています。例えば、以下のようなクリックが無効とみなされます。

- ツールやロボットなどの不正なソフトウェアによる自動クリック
- 広告主の費用や、広告を掲載するサイト運営者の収益を意図的に増やすために手動で行われるクリック
- ダブルクリック時の2回目のクリックなど、広告主にとって価値のない余分なクリック

　アドフラウドに対して広告運用者ができる有効な手段は、配信先となるサイトの定期的なチェックとメンテナンスであると考えます。商品との関連性が低かったり、異常なクリック率を示したりするプレースメントを除外するという、地道な作業です。

　自社で運用している場合はもちろん、代理店にも継続的にチェックしてもらうよう依頼し、不正から守る体制を整えてください。（寳）

> GoogleとFacebookは、これらの課題に敏感に反応して対策を発表する企業だと筆者は考えています。両者の取り組みに注目し、自社でも対策できる体制を整えてください。

あとがき

　本書は「ネット広告運用」という広いテーマでありながら、デュオポリーを踏まえ、できる限り実践的な内容にするため、思い切ってGoogleとFacebookに絞ったという経緯があります。

　日本ではYahoo!プロモーション広告（スポンサードサーチ／Yahoo!ディスプレイアドネットワーク）も、優先度の高い広告プラットフォームとして存在します。また、Twitter広告やDSPなど、「運用」が必要な広告プラットフォームは無数にあります。限られた時間で最大の成果を上げるには、作業・管理の自動化や機械学習の活用が不可欠であり、そこにGoogleとFacebookの強みがあります。

　実を言うと、私はもともと自動化が大嫌いでした。しかし、自動化でとんでもなくうまくいっているアカウントを発見してから、フル活用するようになりました。固定概念を持たず、懲りずにチャレンジし続けることが大切だと思います。

　本編でも触れたITPの影響もあり、リターゲティングに依存したディスプレイ広告は年々難しくなっていくでしょう。費用対効果をあわせやすい手法ですが、それゆえに運用者の怠慢を生む原因でもありました。運用者は今後、リターゲティング以外で勝負していかなければなりません。よりよい広告を生み出し、「広告があってよかった！」と思う人を増やせるかは、運用者次第です。

　私も一生現場で広告運用をやっていくつもりですが、本書によって少しでも、広告効果の改善＝ユーザーによりよい広告を見せる動きが進むことを願っています。

　最後に、ディスプレイ広告の楽しさや業界屈指のノウハウを教えてくださった阿部圭司さん、竹内槙優さん、田中広樹さん、コピーライティングの師匠である古山正太さん、そして共著者の寳洋平さんとの出会いのきっかけを作ってくださった西川大志さんに、この場を借りてお礼をさせていただければと思います。

辻井良太

本書の執筆を終えてあらためて感じるのは、Facebook広告はとても変化の激しいプラットフォームだということです。執筆中も頻繁に仕様が変わり、何度も書き直すことになり苦労しました。

　広告運用者にとって「変化が激しい」ことは、「覚えることが増える＝面倒くさい」という図式になりがちです。確かに、広告運用をただの作業として捉えるとつらいでしょう。しかし、その変化によって良い商品・サービスが適切なユーザーに届くようになると考えれば、前向きに取り組めるのではないかと思います。

　私はもともとAdWordsを中心に運用していたので、Facebook広告にも本格的に取り組むようになってから、双方の動向に自然と気がつくようになりました。近年、GoogleとFacebookはお互いの機能を取り入れあいながら進化しています。

　AdWordsにおいて運用者やユーザーに評価された機能はFacebookが取り入れますし、逆も然りです。自動入札戦略、キャンペーン単位での予算管理、タグの統一など、挙げていけばキリがありません。Googleが一人勝ちであったところにFacebookが現れたことで、より機能が洗練されてきたという印象もあり、今後も2社の動向から目が離せません。

　本書は企画当初、寳洋平さん、辻井良太さんのお二方で執筆される予定でした。私は同じ会社の寳洋平さんに誘っていただく形で、Facebook広告パートの担当として共著者に加わっています。お二方と並ぶのは正直「畏れ多い」という気持ちがありましたが、同時に「やってやるぞ」という気持ちも込めて執筆しました。

　寳洋平さん、多大な協力をいただいた弊社リスティングチームの渡辺麻実子さん、完璧な編集をしてくださった小渕隆和さん、本当にありがとうございました。本書が読者のみなさんの成果につながれば、この上ない喜びです。ぜひ楽しんで取り組んでください。

高瀬順希

〈アルファベット〉

Cookie　21
CPA　37
Facebook Analytics　268
Facebook広告　184
　　A/Bテスト　247
　　アカウント構成　250
　　「いいね！」した人　208
　　キャンペーンの目的　188
　　広告セット　250
　　広告文　238
　　最適化対象　190, 210
　　配信インサイト　253
　　配置　244
　　プレビュー　240
　　右側広告枠　244
　　リターゲティング　211, 214
　　類似オーディエンス　204
Facebookサウンドコレクション　228
Facebookピクセル　23, 188
Facebookページ　208
GDN　100
Gmail　200
Gmail広告　180
goodkeyword　50
Google AdWords　21
Googleアナリティクス　20
　　eコマーストラッキング　149, 153
　　キャンペーンデータのインポート　283
　　スマートリスト　152
　　費用データのインポート　280
　　ユーザーリスト　59, 149
Googleタグマネージャ　22
Googleデータスタジオ　279
Instagram広告　184, 244
ITP　20
KPT　272
LTV　172
RLSA　57

ROAS　98
ROI　24
SEM　47
Tableau　274
Test My Site　64, 83
TrueView　176
YouTube　176
Zapier　200

〈ア〉

アカウント構成
　　Facebook広告　250
　　検索広告　44
　　ディスプレイ広告　166
アセット　30
アドフラウド　297
インプレッションシェア　84, 161
エッジランク　208
オークション　87, 184
オーディエンス　59
オーディエンスインサイト　264

〈カ〉

カスタマージャーニー　35
カスタマーマッチ　33, 60
カスタムコンバージョン　189
画像広告　124, 232
カルーセル広告　235
関連度スコア　186
キーワード　47, 50
　　ディスプレイ広告　136
キーワードプランナー　48
機械学習　19, 44
　　考慮するシグナル　88
　　マクロマネジメント　90
キャッチコピー　108
　　感情移入型　122
　　共感型　120
　　指摘型　114

ターゲット絞込型　112
　　比較型　116
　　変化型　118
　　リアルイメージ型　110
キャンペーン　44
キャンペーンデータ　283
クリエイティブ　38
クリエイティブハブ　242
グルーピング　286
クロス集計　286
検索広告
　　アカウント構成　44
　　キーワード　47, 50
　　広告グループ　44, 68
　　広告文　65, 68
　　自動入札　87
検索広告向けリマーケティング　57
検索語句　47, 75
好意的な意見　186
広告カスタマイザ　78
広告在庫　139
広告の関連性　63
広告の質と関連度　184
広告の品質　62
広告のローテーション　129
広告表示オプション　72
コンテンツターゲティング　136
コンバージョン　21, 27
　　距離　58
　　対象ページ　27
　　ツール間の違い　29
コンバージョンウィンドウ　191
コンバージョンタグ　22

〈サ〉
サジェストキーワード　50
サブキーワード　47, 49
軸キーワード　47, 70

自動入札　87, 164
　　切り替え　92
　　ステータス　96
　　戦略　98
　　適切なゴール　94
シネマグラフ　230
上限クリック単価　87
ショッピング広告　32
新規セッション率　158
推定アクション率　185
推定クリック率　63
推定コンバージョン率　89
スマートディスプレイキャンペーン　174
スマートリスト　152
スライドショー広告　228
成功の定義　24
セグメント　286
　　Facebook Analytics　268
　　Googleアナリティクス　149
空・雨・傘　276

〈タ〉
ターゲットシート　103
ターゲット飽和　254
ダッシュボード　278
ディスプレイキャンペーンオプティマイザー　170
ディスプレイキャンペーンプランナー　140
ディスプレイ広告　100
　　アカウント構成　166
　　広告グループ　166
　　自動入札　164
　　新規ユーザーターゲティング　132, 142
　　ターゲット　102
　　ターゲティングの自動化　170
　　リスト化とルール化　162
　　リターゲティング　146
テキストオーバーレイツール　233
テキスト広告　109
デモグラフィック　101

デュオポリー 18
動画広告 222
    YouTube 176
    サイズ 226
    再生数 192
    制作 224
統合分析 280, 283
動的検索広告 31, 52
動的リターゲティング 32, 154

〈ナ〉
入札単価 101, 148

〈ハ〉
配信インサイト 253
配信面 136, 144
ハッシュ化 60
バナー広告 126, 130
否定的な意見 186
ビューアビリティ 296
標準イベント 219
費用データ 280
品質スコア 62
フィード 32, 54, 78
ブランドセーフティ 245, 294
ブランドワード 37
プランニングシート 41
フリークエンシー 261
フリークエンシーキャップ 147
プレースメント 139, 145
ベネフィット 105

〈マ〉
マイクロコンバージョン 168, 190
目標コンバージョン単価 89, 94

〈ヤ〉
ユーザーリスト 33, 150
優良顧客 216

ユニコーン 65
予算
    AdWords 160
    Facebook広告 256

〈ラ〉
ラストクリック 159
ランディングページ 28
    ベネフィット 109
    ユーザー体験 82
ランディングページの利便性 64, 82
リーチ 208
リード獲得広告 196
    LP誘導との比較 262
    サンクスメール 200
リターゲティング 33
    Facebook広告 204
    検索広告 57
    ディスプレイ広告 146, 156
類似オーディエンス 33, 204
    コンバージョンユーザー 219
    優良顧客 216
類似ユーザー 33, 133
レスポンシブ広告 124

寶 洋平(たから ようへい)　アユダンテ株式会社 チーフSEMコンサルタント

編集・ライターからSEMの世界へ。SEM歴12年目。Googleアナリティクスや Tableau、データスタジオを活用しながらリスティング広告の設計・運用、コンサルティングを行う。趣味は料理、猫と遊ぶこと、折りたたみ自転車。

辻井 良太(つじい りょうた)　CRAFT株式会社 代表取締役・コンサルタント

株式会社ロックオンにてリスティング広告自動入札ツールの導入・コンサルティングを経験後、2013年アナグラム株式会社に入社。検索連動型広告の設計・運用をはじめ、GDN・YDNを中心としたディスプレイ広告の運用で、数々の通販企業の売上アップに貢献する。2016年3月にCRAFT株式会社を設立。

高瀬 順希(たかせ よしき)　アユダンテ株式会社 SEMコンサルタント

SE、SEO、広告運用を経て2016年アユダンテ株式会社に入社。大型案件の広告運用に携わり、BtoBを中心としたFacebook広告を得意とする。運用型広告の設計、運用、コンサルティングを行い、クライアントのビジネスを支援。広告用の動画編集も担当する。趣味は登山と料理とお酒。

カバーデザイン	吉岡秀典(セプテンバーカウボーイ)
本文フォーマットデザイン	吉岡秀典＋雨田宇以(セプテンバーカウボーイ)
本文イラスト	大森 純(fancomi)
写真素材	123RF、PIXTA、写真AC
DTP制作	株式会社トップスタジオ
デザイン制作室	今津幸弘 <imazu@impress.co.jp>
	鈴木 薫 <suzu-kao@impress.co.jp>
副編集長	小渕隆和 <obuchi@impress.co.jp>
編集長	藤井貴志 <fujii-t@impress.co.jp>

DEKIRU 01 MARKETING Bible

ネット広告運用"打ち手"

大全

成果にこだわるマーケ&販促　最強の戦略102
（できる Marketing Bible）

2018年4月21日　初版発行
2024年6月21日　第1版第10刷発行

著　者　寳洋平・辻井良太・高瀬順希
発行人　土田米一
編　集　高橋隆志
発行所　株式会社インプレス

〒101-0051
東京都千代田区神田神保町1丁目105番地
ホームページ　https://book.impress.co.jp

印刷所　株式会社暁印刷

Printed in Japan ／ Copyright © 2018
Yohei Takara, Craft Inc., Yoshiki Takase. All rights reserved.

ISBN978-4-295-00320-5 C0034

本書は著作権法上の保護を受けています。本書の一部あるいは全部について（ソフトウェア及びプログラムを含む）、株式会社インプレスから文書による許諾を得ずに、いかなる方法においても無断で複写、複製することは禁じられています。●本書は、ネット広告運用について、2018年3月現在での情報を掲載しています。●本書の内容に関するご質問については、該当するページや質問をインプレスブックスのお問い合わせフォームより入力してください。電話やFAXなどのご質問には対応しておりません。●本書の発行後に仕様が変更されたサービスや、本書の内容の範囲を超えるご質問にはお答えできない場合があります。●本書の利用によって生じる直接的または間接的被害について、著者ならびに弊社では一切の責任を負いかねます。あらかじめご了承ください。

■商品に関する問い合わせ先：インプレスブックスのお問い合わせフォーム〈https://book.impress.co.jp/info/〉上記フォームがご利用いただけない場合のメールでの問い合わせ先〈info@impress.co.jp〉
■落丁・乱丁本などの問い合わせ先：〈FAX03-6837-5023　service@impress.co.jp〉
古書店で購入されたものについてはお取り替えできません。

＜本書のご感想をぜひお寄せください＞
アンケート回答者の中から、抽選で図書カード（1,000円分）などを毎月プレゼント。
当選は賞品の発送をもって代えさせていただきます。※賞品は変更になる場合があります。
https://book.impress.co.jp/books/1117101061